PEQUENO LIVRO DAS GRANDES IDÉIAS

Religião

Copyright © Elwin Street Limited, 2007.
144 Liverpool Road
London, N1 1LA

Little Book of Big Ideas: Religion

Idealizado e produzido por:
Elwin Street Limited
Designer: Thomas Keenes
Ilustradores: Richard Burgess, Emma Farrarons

© desta edição:
Ciranda Cultural Editora e Distribuidora Ltda.
Rua Frederico Bacchin Neto, 140 – Cj. 06
Parque dos Príncipes
05396-100 – São Paulo – SP – Brasil

Diretor editorial: Donaldo Buchweitz
Tradutor: Dr. Elmer Flor
Preparação Textual: Renata Curi e Lucrécia Freitas
Revisão: Elisa Alves
Editoração eletrônica: Editorial Ciranda Cultural
ISBN 978-85-380-0369-4

www.cirandacultural.com.br

Impresso em Cingapura

Edição 2008

Versículos bíblicos de acordo com a tradução da Bíblia em português por João Ferreira de Almeida – Edição Revista e Atualizada no Brasil, da Sociedade Bíblica do Brasil.
Usado com permissão.

Todos os direitos reservados. Nenhuma parte desta publicação pode ser reproduzida, armazenada em sistema de memória ou transmitida de qualquer forma ou por qualquer meio, gráfico, eletrônico ou mecânico, fotocópia, gravação, ou de outra maneira, sem a prévia permissão por escrito dos editores.
Os editores não fazem qualquer declaração, expressa ou implícita, com relação à exatidão das informações contidas neste livro e não podem aceitar responsabilidade legal por quaisquer erros ou omissões que ocorram.

PEQUENO LIVRO DAS GRANDES IDÉIAS

Religião

Dr. Jeremy Stangroom

Sumário

Introdução 6

Cristianismo
Jesus de Nazaré 8 • São Paulo 10 • Tertuliano 12
DENOMINAÇÕES CRISTÃS 14
Agostinho 16 • Pelágio 18 • Anselmo de
Canterbury 20 • São Tomás de Aquino •
22 Inácio de Loyola 24 • Martinho Lutero 26
CRIACIONISMO 28 • João Calvino 30
John Wesley 32 • Blaise Pascal 34
George Fox 36 • Søren Kierkegaard 38
Gustavo Gutiérrez 40 • DEÍSMO 42

Islamismo
Maomé 44 • Ali 46 • Abu Bakr 48
ISLAMISMO XIITA E ISLAMISMO SUNITA 50
Ibn al-Shafi'i 52 • Ibn Sina 54 • Al-Ghazali 56
Ibn Rushd 58 • Ibn Al-Arabi 60
MONOTEÍSMO 62 • Ibn Taymiyya 64
Muhammad Al-Wahhab 66
Muhammad Iqbal 68 • Sayyid Qutb 70

Judaísmo
MOVIMENTOS JUDAICOS 74 • Moisés 76
Hillel, o Ancião 78 • Fílon de Alexandria 80
Josefo 82 • ESCRITURAS 84
Moisés Maimônides 86 • Rashi 88 • Baal Shem
Tov 90 • Moisés Mendelssohn 92
Mordecai Kaplan 94 • Martin Buber 96

Hinduísmo
RELIGIÕES ORIENTAIS 98 • Samkara 100
Ramakrishna 102 • Mahatma Gandhi 104

Siquismo
Guru Nanak Dev 106 • Gobind Singh 108

Budismo
Gautama Buda 110 • Dogen 112
Vasubandhu 114

Outras Religiões
PAGANISMO 116 • Confúcio 118
Mahavira Jayanti 120 • Lao-Tsé 122
Zaratustra 124
ANIMISMO E RELIGIÕES NATIVAS 126

Índice 128

Introdução

Religião é um conceito notoriamente difícil de definir. A concepção baseada no senso comum, especialmente no Ocidente, é de que abrange as crenças e práticas referentes ou dirigidas a Deus ou aos deuses. Essa definição é apropriada para as grandes religiões abraâmicas, como o judaísmo, cristianismo e islamismo, que contam com mais da metade dos fiéis e religiosos do mundo, assim chamadas porque suas origens remontam à época de Abraão, o antigo patriarca semita. No entanto, essa definição não se adapta tão bem quando se refere a religiões fora dessa tradição. O budismo, por exemplo, tão popular no Japão e na China, não possui uma concepção clara de Deus, e, ainda assim, normalmente é considerado uma religião. Igualmente, a idéia de Deus, ou mesmo do sobrenatural como um todo, está quase totalmente ausente no confucionismo, a filosofia religiosa em que se baseia a maior parte da cultura chinesa.

A melhor candidata a uma definição de religião talvez seja aquela emitida pelo sociólogo francês Émile Durkheim (1858-1917), que definiu religião como sendo "um sistema unificado de crenças e práticas relacionadas a coisas sagradas". Essa definição não é perfeita – ela parece não considerar o que é altamente pessoal como religioso, por exemplo –, mas está muito mais próxima do espírito inclusivo refletido neste livro do que o modelo de definição de religião centrada em Deus.

Este livro apresenta 50 das mais importantes figuras religiosas do mundo. São profetas, pensadores, teólogos e líderes extraídos das grandes religiões, incluindo as três principais confissões da fé abraâmica, hinduísmo, budismo, siquismo e confucionismo. Além disso, ainda examina 10 conceitos – por exemplo, o monoteísmo, o deísmo e as Escrituras –, cada um dos quais oferece uma compreensão de religião que vai além das contribuições de pessoas específicas.

Quando um livro dessa natureza é lançado, pergunta-se: "Como é possível fazer uma seleção de pessoas específicas?". A resposta é que sempre existe algo um tanto arbitrário sobre quem incluir ou deixar de fora. Todos os que foram aqui incluídos contribuíram de alguma forma significativa para a vida religiosa de milhões de pessoas (mesmo que apenas por um efeito de "crítica intelectual"). Obviamente, no entanto, existem outros grandes líderes, teólogos e pensadores religiosos que poderiam ter sido incluídos, assim, não se pretende que os nomes deste livro sejam os das figuras religiosas mais importantes.

Com respeito à representação proporcional das várias religiões nas páginas que se seguem, há mais um aspecto a ser considerado. De um modo amplo e geral, quanto maior o número de fiéis de uma determinada religião ou tradição religiosa, maior o número de representantes. Assim, a tradição judaico-cristã, a maior delas, com cerca de 2 bilhões e 200 milhões de adeptos, é representada por 25 expoentes, enquanto o zoroastrismo, que conta com no máximo 2 milhões de seguidores, é representado apenas por seu fundador, Zaratustra (ou Zoroastro).

O ponto final a ser elucidado tem a ver com a pretensão da verdade religiosa. Este livro é neutro com respeito à veracidade das afirmações feitas pelas diversas religiões. Elas são reportadas como em suas tradições específicas, sem qualquer tentativa de interpretação para acessar a veracidade ou a consistência lógica de seu credo religioso. A intenção é a de simplesmente apresentar as grandes figuras religiosas e seu pensamento.

Dr. Jeremy Stangroom

O Messias

Jesus de Nazaré

A história de Jesus Cristo é mais conhecida no mundo ocidental do que a de qualquer outra pessoa: ele era o Filho de Deus, nascido de uma virgem, e viveu e morreu para salvar a humanidade de seus pecados. O que pode ser menos conhecido é o detalhe de seus ensinamentos – a mensagem que ele desejava repartir com a humanidade, como o autoproclamado "Filho do Homem".

Nascimento: Em 6-4 a.C., em Belém, Israel.
Importância: Fundador da religião cristã.
Falecimento: Cerca de 30 d.C., em Jerusalém, Israel.

A mensagem central de seus ensinamentos foi a de que o reino de Deus seria introduzido na Terra a qualquer momento, em breve, e que as pessoas deveriam estar preparadas para isso. Em sua essência, era um chamado ao arrependimento: para obter-se a salvação, era necessário cumprir os mandamentos de Deus, consolidados no exemplo de sua vida.

Jesus sugeriu que aqueles que quisessem ter parte no reino por vir deveriam renunciar a tudo para retornar a Deus, seu Pai. Ele não exigiu lealdade pessoal de seus seguidores, mas apenas que eles vivessem de acordo com seu exemplo. Isso sugere que a simples fé em Deus e o amor ao semelhante seriam suficientes para assegurar a salvação. Existe, com certeza, um aspecto dessa idéia que reside no fato de Jesus ter levado seus ensinamentos aos pobres, aos desapossados, aos pecadores e excluídos, e afirmou que no reino de Deus a ordem corrente das coisas seria revertida:

> "... Quão dificilmente entrarão no reino de Deus os que têm riquezas! Porque é mais fácil passar um camelo pelo fundo de uma agulha do que entrar um rico no reino de Deus."
> (Lucas 18:24-25)

Jesus advogou padrões éticos severos. Não era apenas necessário comportar-se de acordo com o desejo de Deus, mas era também necessário cultivar um caráter igualmente devoto. As pessoas deveriam evitar a luxúria e a ira, bem como o adultério e a violência. O compromisso de Jesus com a pureza moral pode ser percebido em sua atitude com relação ao divórcio, o qual equiparou ao adultério.

Essa espécie de perfeccionismo moral condizia com a perspectiva apocalíptica de Jesus. Ele anunciava o reino de Deus como iminente. Seguia-se daí que a exigência de pureza moral era urgente em todos os sentidos possíveis. O destino de todas as pessoas, judeus ou não-judeus, dependia disso.

> "Muitos dos primeiros serão os últimos e muitos dos últimos serão os primeiros."
> (Mateus 19:30)

Jesus de Nazaré é muitas vezes descrito como sendo o portador de "boas novas" (significado, de fato, da palavra "evangelho"). Isso parece não se coadunar com as exigências que fez a seus seguidores, mas o ponto crucial é que ele oferecia a salvação a todas as pessoas. Era imprescindível, apenas, aceitar a necessidade de arrependimento, receber o Senhor como Salvador, para que, então, a salvação fosse alcançada. Num contexto em que, antes disso, a salvação era oferecida a uns poucos eleitos, esta era uma mensagem profundamente revolucionária e bem-vinda. Na verdade, esse foi o ponto de partida que capacitou o apóstolo Paulo a levar a mensagem cristã aos gentios (não-judeus), promovendo, assim, o crescimento do cristianismo como religião mundial.

O Grande Apóstolo

São Paulo

Paulo de Tarso, mais tarde São Paulo, foi figura exponencial no surgimento do cristianismo. Ele foi incansável em sua missão de proclamar o Evangelho de Cristo, e foi sua insistência na aplicação universal dos ensinamentos de Jesus que encorajou a expansão do cristianismo por todo o mundo.

Nascimento: Cerca de 10 d.C., em Tarso.
Importância: O primeiro grande apóstolo dos gentios.
Falecimento: Em 67 d.C., em Roma.

São Paulo não fora sempre um devoto da fé cristã. Nascido com o nome de Saulo, numa piedosa família judaica, ele passou a primeira parte de sua vida perseguindo os cristãos, levando-os, muitas vezes, à morte. Mas, numa viagem de Jerusalém a Damasco, sua vida virou de cabeça para baixo quando teve sua famosa experiência de conversão. Segundo o livro de Atos dos Apóstolos:

> "... subitamente uma luz do céu brilhou ao seu redor; e, caindo por terra, ouviu uma voz que lhe dizia: 'Saulo, Saulo, por que me persegues?'. E ele perguntou: 'Quem és tu, Senhor?'. E a resposta foi: 'Eu sou Jesus, a quem tu persegues; mas levanta-te, e entra na cidade, onde te dirão o que te convém fazer'."
> (Atos 9:3-5)

Paulo foi comissionado para levar o Evangelho a judeus e gentios de forma igualitária. Ao levar o Evangelho aos gentios, ele desempenhou um papel crucial no surgimento do cristianismo, que, em seus primeiros estágios, era, a rigor, uma seita do judaísmo. Daí resultou uma controvérsia entre os primeiros cristãos sobre a necessidade de gentios convertidos ao cristianismo seguirem ou não as leis judaicas, particularmente as que se referiam à circuncisão e aos alimentos permitidos.

Para resolver o impasse, Paulo insistiu em que a fé em Jesus Cristo e a pureza do coração eram por si só suficientes para se adquirir a justificação. Ele pregou ser óbvio que deveria ser permitido aos gentios participar como membros plenos do corpo cristão, independentemente do fato de serem circuncidados ou seguirem a lei judaica. Essa postura marcou o rompimento final com o passado antigo de Israel e preparou o terreno para o desenvolvimento do cristianismo como religião mundial. Estudiosos sugerem que, sem a obra de Paulo entre os gentios, o cristianismo teria permanecido apenas como uma ramificação do judaísmo.

Embora Paulo enfatizasse que a salvação dependia da fé, ele acreditava que a maneira como as pessoas se comportavam era de fato importante. Na verdade, parte do que transmitiu para a posteridade foi um severo código de moral cristã. Ele insistiu com os cristãos, por exemplo:

> "Fugi da impureza! Qualquer outro pecado que uma pessoa comete, é fora do corpo; mas aquele que pratica a imoralidade peca contra o próprio corpo." (I Coríntios 6:18)

Ele também denunciou o divórcio e a homossexualidade, cujas ramificações ainda se sentem nos dias de hoje. O legado de São Paulo pode ser visto no alcance do cristianismo pelo mundo atualmente. Sua mensagem de inclusão e aceitação pavimentou o caminho para o desenvolvimento do cristianismo como uma religião soberana.

Apóstolos: Em sentido genérico, um apóstolo é a pessoa que prega uma idéia específica, particularmente dentro do cristianismo. Mais especificamente, os Apóstolos eram os doze seguidores originais de Jesus Cristo, que foram engajados na pregação do evangelho e na divulgação da mensagem de Cristo.

O Retórico

Tertuliano

Tertuliano é hoje reconhecido não apenas como um dos maiores autores apologéticos do cristianismo, mas também como um brilhante defensor de sua fé. Ele é considerado, ao mesmo tempo, um exemplo de quem se dispõe a sustentar com sinceridade suas convicções, até mesmo diante da perseguição.

Nascimento: Em 155 d.C., em Cartago.
Importância: Brilhante apologista e polemista em favor da causa do cristianismo.
Falecimento: Depois de 220 d.C., em Cartago.

Tertuliano foi um cristão determinado e empedernido. Em nenhum outro lugar isso foi mais evidente do que em sua atitude diante do fato de os cristãos, sob o domínio dos romanos, serem muitas vezes perseguidos por sua fé:

"Nada acontece sem a vontade de Deus, e é certo – às vezes até mesmo necessário – que Ele assim proceda… Essa é a ventoinha que peneira e limpa a debulha na eira do Senhor."

Essa atitude intransigente é absolutamente característica de seus escritos. O mais importante deles compreende sua apologética cristã, isto é, uma defesa do cristianismo contra seus críticos. Sua grande obra é *Apologeticus* (197 d.C.), na qual ele ataca aqueles incrédulos que procuram oprimir os cristãos de diversas formas. Começa por deflagrar um desafio: se os cristãos são culpados de crimes, então seus acusadores deveriam pelo menos apresentar as evidências de suas transgressões.

Ele chega a mostrar que os

> "Nós dizemos, e diante de todos os homens dizemos, e machucados e sangrando sob suas torturas nós gritamos: 'Nós adoramos a Deus através de Cristo'."
>
> Tertuliano, *Apologeticus*

À esquerda: A descrição da Santíssima Trindade por Tertuliano, constituída por "uma essência, três pessoas", tornou-se padrão para o entendimento cristão do conceito de Deus, como sendo um só e ao mesmo tempo três pessoas distintas, o Pai, o Filho e o Espírito Santo.

incrédulos têm sido culpados dos mesmos crimes dos quais os cristãos são acusados. Também confronta com igual os vários deuses romanos e pagãos. Todos já foram humanos, insiste, e nada fizeram de especial desde então que os qualifique como deuses. Os cristãos, ao contrário, crêem em um só Deus Criador, invisível, infinito e de quem os homens dão testemunho. Acresce a isso que os cristãos possuem um depoimento divinamente inspirado, inscrito em seu livro sagrado. Então ele explica que Jesus Cristo, o Filho de Deus, fez milagres, foi morto na cruz e depois ressuscitou.

Embora seja mais conhecido por sua apologética, Tertuliano possui outra significação histórica. Foi o primeiro autor latino que invocou o conceito cristão da Trindade. A fórmula que usou – *una substantia, tres personae* (uma essência, três pessoas) – viria a ser padrão na teologia latina.

Tertuliano adotou um código moral que foi notável por seu rigor. Como conseqüência, chegou a romper com a igreja ortodoxa e integrou o movimento herético do montanismo, que pregava austeridade moral e a iminência do fim do mundo. Mas até mesmo aos montanistas faltava o rigor que o satisfizesse, de maneira que, em determinado momento, também rompeu com eles para formar sua própria seita, os tertulianistas.

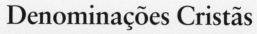

Denominações Cristãs

É comum mencionar cristandade e Igreja cristã como se fossem uma única entidade. A realidade, no entanto, é muito diferente. A fé cristã caracteriza-se por discordância e divisão.

O ponto de discordância mais conhecido é o que divide a Igreja Católica romana e as denominações protestantes, o qual tem suas raízes históricas na Reforma e na publicação da obra de Martinho Lutero *95 Teses* (1517), em que Roma é criticada pela venda de indulgências para que a remissão da punição pelo pecado fosse assegurada. A Igreja Católica, ele acreditava, havia perdido a visão do significado original da salvação, aventando ênfase indevida na possibilidade de alcançar a salvação por meio de boas obras.

A controvérsia sobre as indulgências foi apenas um dos aspectos da divergência entre as idéias de Lutero e a ortodoxia romana. O protestantismo espalhou-se pelo norte da Europa e, embora Lutero originalmente tivesse pretendido que suas posições servissem apenas como corretivo *dentro* da Igreja Católica, o movimento luterano rapidamente se afastou por completo de Roma. As ramificações dessa divisão se evidenciam até hoje. De forma notória, a violência sectária na Irlanda do Norte, embora seja um fenômeno complexo, tem suas raízes históricas na divisão entre católicos e protestantes.

Nem todas as diferenças denominacionais são tão dramáticas. Em termos teológicos, é possível que uma denominação se afaste bastante do cristianismo ortodoxo e ainda assim seja considerada parte da família cristã. Considerem-se, por exemplo, as testemunhas de Jeová. Estabelecidas em Pittsburg, em 1872, as testemunhas de Jeová acreditam diferentemente, em contraste com a maioria dos cristãos: que Cristo morreu pregado a um poste, e não sobre uma cruz; que estamos, já agora, no "fim dos tempos"; que Deus logo derrotará Satanás, na grande batalha do

Armagedom; que se seguirá um reinado de mil anos de Cristo sobre a Terra; e que apenas um número seleto de 144 mil irão para o céu, para, então, reinar com Cristo.

Podemos ilustrar quanto exatamente é possível diferir em termos de crenças, e ainda assim ser considerado parte da mesma religião, comparando as testemunhas de Jeová a uma outra denominação cristã, por exemplo, os quacres. Contrastando com os princípios altamente específicos das testemunhas de Jeová, os quacres possuem pouco do que se possa chamar de credo formal. George Fox, o fundador do quacrismo, suspeitava muito dos teólogos, e enfatizava, por sua vez, a possibilidade de um conhecimento direto de Deus e da verdade divina. Conseqüentemente, os quacres variam muito em suas crenças específicas, e até mesmo podem-se encontrar quacres que não acreditam em Deus de modo algum.

Ao se atentar para a totalidade das denominações e seitas cristãs, é chocante observar a complexidade do quadro que se apresenta. É possível identificar, entre outros grupos: adventistas, batistas, Igreja Ortodoxa Oriental, Igreja Européia Livre (os quacres, por exemplo), Santos dos Últimos Dias, luteranos, pentecostais, metodistas, católicos, anglicanos ou presbiterianos. O que define os 2,2 bilhões de pessoas que se somam a essas denominações como sendo cristãos? É possível que não haja apenas uma fé que defina a cristandade, mas, sim, que seja uma questão de "semelhança familiar" e de compartilhamento de um número suficiente de doutrinas. Outra perspectiva é a de que a centralidade doutrinária de Jesus Cristo e a importância que se atribui ao exemplo de sua vida é que constituem a fé cristã. Certamente as denominações cristãs existentes em sua quase totalidade – se não forem de fato todas – propagam o que elas entendem que seja a mensagem de Cristo.

O Teocrata

Agostinho

Santo Agostinho de Hipona é um dos teóricos mais importantes da Igreja cristã. Suas idéias acerca de livre-arbítrio, pecado original, predestinação e a graça de Deus tiveram um reflexo profundo no desenvolvimento do cristianismo.

Nascimento: Em 354 d.C., em Tagaste, Numídia.
Importância: Depois de São Paulo, foi o mais significativo dos padres da Igreja cristã.
Falecimento: Em 430 d.C., em Hipona, Argélia.

Agostinho defendeu uma série de crenças estritas e rigorosas. Ele pensava, por exemplo, que crianças que morressem sem terem sido batizadas não entrariam no céu, e que sofreriam a eterna condenação de Deus no inferno. Também acreditava que o sexo deveria ser evitado, a não ser quando absolutamente necessário, para o propósito de procriação. Isso porque entendia que o sexo envolvia o triunfo de impulsos sensuais, os quais, portanto, violavam o princípio de que pessoas virtuosas deveriam estar sempre no controle de sua própria vontade.

A teologia de Agostinho estava ligada a uma perspectiva específica sobre a criação do mundo e à queda do homem em pecado. Ele acreditava que, quando Deus criou Adão, dotou-o com o livre-arbítrio, e que Adão poderia ter seguido um caminho de justiça, caso se abstivesse de pecar. No entanto, Adão optou por não seguir esse caminho e, conseqüentemente, tornou-se vítima da corrupção; a humanidade, então, herdou esse "pecado original". Não temos, portanto, razão de queixas se acabarmos no inferno, porque somos maus e depravados em nosso íntimo.

Agostinho, no entanto, não acreditava que todos iriam para o inferno. Ao contrário, pela graça de Deus, uns poucos seletos, dentre os batizados, seriam salvos. Nesse ponto, porém, há uma cilada: nada podemos fazer, a rigor, para merecer a graça de Deus. Somos depravados e boa obra alguma poderá alterar essa condição. Deus, no entanto, em face de sua bondade, decide

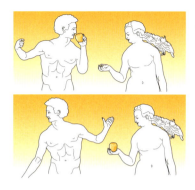

À esquerda: Agostinho acreditava que os seres humanos possuíam o livre-arbítrio. Adão poderia ter optado por seguir os caminhos de Deus e não "comer a maçã", mas ele escolheu rebelar-se contra Deus e comer do fruto proibido. Esse "pecado original" foi então herdado pela humanidade.

conceder sua graça a uns poucos eleitos, e esses, recebendo poder para seguir os caminhos de Deus, após a morte, irão para o céu.

Existe algo um tanto curioso a respeito da teologia de Agostinho sobre a predestinação. Bertrand Russel, em sua grande obra *História da Filosofia Ocidental* (1946), indicou que Agostinho não se preocupava muito com o fato de Deus ter criado a humanidade sabendo que a grande maioria se encaminha inevitavelmente para o inferno. Apesar disso, ele se preocupava com detalhes tais como o fato de que a doutrina do pecado original requeria que a alma, local de origem do pecado, assim como o corpo, fosse herdada dos pais.

Não há dúvida a respeito da influência que Agostinho exerceu no pensamento cristão. Em sua *História da Igreja*, o erudito luterano, dr. Johann Heinrich Kurtz, chama Agostinho de "o maior e mais poderoso de todos os padres eclesiásticos, pois dele procede todo o desenvolvimento doutrinário e eclesiástico do Ocidente, e para quem se recorre em toda nova crise, a cada nova orientação do pensamento". Ainda assim, a austeridade e a natureza imperdoável da teologia de Agostinho fazem dele uma figura muito difícil de ser admirada, ainda que se leve em conta que ele viveu em uma época em que prevaleciam padrões diferentes dos atuais.

Cristianismo

O Herético

Pelágio

Os ensinamentos de Pelágio já não são mais amplamente conhecidos nos círculos do cristianismo. No primeiro século da Era Cristã, no entanto, suas idéias heterodoxas atraíram um grande número de seguidores, e resultaram, afinal, na sua condenação e excomunhão. A origem de seus problemas foram as idéias que expressou a respeito do pecado original e do livre-arbítrio do ser humano, duas das áreas mais importantes e controversas da teologia cristã.

> **Nascimento:** Em 354 d.C., na Inglaterra.
> **Importância:** Questionou a doutrina do pecado original e a necessidade da graça divina para a salvação.
> **Falecimento:** Em data não registrada, após 418 d.C., possivelmente na Palestina.

O conceito de pecado original é tema central do pensamento cristão ortodoxo. Afirma-se que, como conseqüência da rebelião do ser humano contra Deus, na Queda (registrada no livro de Gênesis, capítulos 2 e 3), o pecado é inerente à condição humana, e pode apenas ser reparado pela graça de Deus. Pelágio, no entanto, não aceitava a necessidade da graça divina para a redenção. Afirmava que nós não somos nascido com a mancha do pecado de Adão. Ao contrário, dizia que podemos escolher, por nosso livre-arbítrio, se queremos viver de modo correto e assegurar nossa vida eterna por esforço próprio.

Para Pelágio, essas não eram simples especulações abstratas, mas ele foi direto ao ponto, dizendo que podemos, como cristãos, viver uma vida moralmente digna. Ele ficara chocado diante da degeneração moral que havia encontrado em Roma, quando viajara para lá no final do século IV. Atribuiu essa degeneração aos efeitos da noção agostiniana de graça divina. Ele ficou particularmente horrorizado com a famosa oração de Agostinho: "Concede-nos o que ordenas, e ordena o que desejas de nós".

Pelágio não conseguia aceitar o fato de que a graça era necessária para se fazer a vontade de Deus. Tal concepção, pensava ele, leva perigo a toda a ordem moral. Ela sugere que os seres humanos não são capazes de agir de forma correta por vontade própria e que o pecado ocorre pela fraqueza inevitável do ser humano.

Por sua vez, Pelágio insistia que os humanos têm a habilidade de escolher entre o bem e o mal. Defendia o ascetismo espiritual, alinhado com sua inclinação estóica, como meio de atingir a perfeição moral. Mas ele não descartou de todo o papel a ser desempenhado pela graça de Deus. Afirmou que a graça se manifesta naquelas características que permitem à humanidade escolher o caminho da justiça: livre-arbítrio, consciência e razão.

Suas idéias se opunham às de Agostinho, o qual assegurou ter encontrado nove ensinamentos da Igreja que eram negados por Pelágio. Esses incluíam o ensino de que a morte é resultado do pecado; que o batismo é necessário para apagar a mancha do pecado original; que nenhuma boa obra é possível sem a graça de Deus; e que confessamos que somos pecadores não por humildade, mas porque é verdade.

Pelágio contestou a opinião de Agostinho sobre seus ensinamentos. Apesar disso, foi condenado pela Igreja Católica e excomungado dela em 417 d.C. Embora, desde então, tenha desaparecido dos registros históricos as questões que sua obra abordou, elas permanecem centrais e controversas até hoje. O pecado original, o livre-arbítrio e a graça divina estão entre as mais importantes, contestadas e complexas polêmicas da teologia cristã.

> **Graça divina:** A teologia cristã afirma que os seres humanos "caíram" em pecado. A graça refere-se ao dom de Deus de imerecida salvação, que possibilita a redenção humana. De um modo geral, a graça descreve o amor e a misericórdia que Deus demonstra à humanidade.

Cristianismo

O Pai da Escolástica

Anselmo de Canterbury

Anselmo de Canterbury, mais tarde chamado Santo Anselmo, acreditava que usando-se apenas a razão era possível resolver debates teológicos. De forma específica: para provar a existência de Deus; para estabelecer que ele possui uma natureza trina (Pai, Filho e Espírito Santo); para demonstrar que a alma humana é imortal; e para mostrar que as Escrituras são inerrantes.

Nascimento: Em 1033, em Aosta, Lombárdia.
Importância: Mostrou como é possível demonstrar uma verdade revelada apenas pelo uso da razão.
Falecimento: Em 1109, possivelmente em Canterbury, Inglaterra.

Anselmo, no entanto, não pensava ser necessário alcançar um conhecimento racional de Deus para crer Nele. Ao contrário, isso acontece precisamente de forma oposta. Ele pretendia fazer com que as verdades da revelação fossem transparentes à razão. Anselmo mesmo afirmou: "A não ser que primeiro eu creia, não conseguirei entender".

É possível ter-se uma idéia da forma como Anselmo trabalhava ao se analisar um exemplo de sua obra, *A Queda do Diabo* (cerca de 1070). Anselmo pergunta se o diabo tinha conhecimento antecipado de que cairia, ou não. Se tivesse esse conhecimento prévio, então ele aceitaria o que estava por acontecer ou não aceitaria. Se aceitasse, não poderia ter o conhecimento prévio, porque, no próprio ato de aceitação, já teria caído. Se não aceitasse, estaria abatido pela tristeza. Isso, no entanto, é impossível, porque o diabo, antes da queda, era sem pecado e, por isso, livre de tristezas. Anselmo conclui daí que, em conseqüência disso, o diabo não teve conhecimento prévio de sua queda.

Essa discussão parece estar superada em nossos dias, mas Anselmo desenvolveu debates similares, que permanecem vivos até o presente. Sua formulação, no *Proslogion*, com respeito à prova ontológica de Deus, é um exemplo clássico. Funciona da seguinte maneira:

> 1. Deus é definido como "aquele de quem nada maior pode ser concebido".
> 2. As coisas que existem na mente – isto é, a idéia de Deus – também podem existir no âmbito real. Em outras palavras, existem duas possibilidades: que Deus exista apenas na mente ou que Deus exista na mente e na realidade.
> 3. As coisas que existem na mente e na realidade são maiores do que as existentes apenas na mente.
> 4. Digamos que Deus exista apenas na mente. Somos, então, induzidos a nos contradizer. Definimos Deus como "aquele de quem nada maior pode ser concebido". Mas acabamos de ver que as coisas que existem na mente e na realidade são maiores que aquelas que existem apenas na mente. Por isso, Deus não pode existir apenas na mente. Segue-se então:
> 5. Deus existe – tanto na mente como na realidade.

Essa argumentação tem gerado volumosa literatura desde que foi articulada, há cerca de 1.000 anos, e o debate sobre a prova ontológica continua até hoje. A reputação de Anselmo, no entanto, não depende da correção de sua argumentação. Em vez disso, seu legado consiste em mostrar ser possível empregar a razão para projetar luz sobre assuntos teológicos. Foi isso que fez com que ele fosse chamado o Pai da Escolástica o primeiro grande pensador, na tradição cristã, com certeza, que tentou assegurar os fundamentos racionais da fé religiosa.

O Cristão Racional

São Tomás de Aquino

Muitas pessoas pensam que o credo religioso depende em grande escala da fé, e que as verdades reveladas da religião são autoritárias e não geram discordância. No entanto, isso levanta a questão de que, se a razão não desempenha papel algum no credo religioso, por que Deus criou os seres humanos com essa faculdade, e por que ela tem sido tão bem-sucedida em outros campos do empreendimento humano? Foram pensamentos como esses que levaram o grande teólogo medieval São Tomás de Aquino à convicção de que era desejável reconciliar fé e razão, e mostrar que existem boas razões, independentes da fé, para se crer nas verdades da Bíblia.

Nascimento: Em 1225, em Roccasecca, Itália.
Importância: Mostrou como a crença religiosa pode apoiar-se na razão.
Falecimento: Em 1274, em Fossanova, Itália.

O melhor exemplo, talvez, do desejo de Aquino de trabalhar dentro dos limites da razão deve ser encontrado em sua obra *Cinco Vias* (*Quinque Viae*). Ela representou sua tentativa de provar a existência de Deus com base em cinco argumentos filosóficos: movimento, causalidade, contingência, perfeição e propósito. Sua Segunda Via, por exemplo, afirma que o mundo se caracteriza por relações causais específicas. Desse modo, se eu bater numa bola de tênis com a raquete, a bola é posta em movimento pela raquete, cujo movimento, por sua vez, foi causado por meu braço, e assim por diante. Nessa seqüência de fatos, não há causa sem causa. Assim, existem efeitos de causas anteriores, que então se transformam em novas causas. O ponto importante é que essa cadeia retroativa de causalidade não pode continuar indefinidamente. Em certo ponto deve haver uma causa sem causa – ou seja, aquilo que iniciou toda a série de causas em primeiro lugar. Aquino afirmava que essa causa sem causa é Deus.

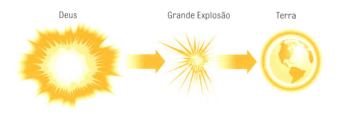

Acima: O que causou a "Grande Explosão" (Big Bang)? E essa causa teve uma causa? Se Aquino estiver certo, no início da cadeia precisamos, eventualmente, encontrar algo que não tenha uma causa, em si. Isso é Deus.

Pode-se ver o exercício da razão nesse argumento. Ele se justifica pela inferência e dedução lógica. No entanto, embora pareça plausível à primeira vista, o argumento não é decisivo. Não fica claro se uma cadeia de causas pode retroagir indefinidamente ou não, e, mesmo se não puder, não há um bom motivo para supor que a primeira causa sem causa será aquilo que queremos chamar Deus, e certamente não será o Deus cristão, onipotente, onisciente e benevolente. Hoje, os teólogos, de modo geral, admitem que as *Cinco Vias* de Aquino não são decisivas para provar a existência de Deus. Elas permanecem, no entanto, como exemplos na demonstração do caminho pelo qual a razão pode ser usada como suporte do credo religioso.

Aquino não acreditava que em algum momento fosse possível entender Deus plenamente pelo uso da razão, pois considerava os humanos muito limitados para tanto. Na verdade, o conhecimento que conseguimos obter é por meio de analogia e negação, isto é, sabemos o que Deus não é.

Aquino foi muito influente. Seus seguidores, os tomistas, tiveram um papel central no desenvolvimento da teologia cristã. O mais importante é que Aquino demonstrou que a crença religiosa não é e nunca deveria ser apoiada unicamente na fé.

Cristianismo

O Jesuíta

Inácio de Loyola

Inácio de Loyola foi o fundador da Ordem dos Jesuítas na Igreja Católica, em 1534. Os jesuítas desempenharam um papel ativo na oposição à Reforma Protestante e, hoje, são a maior ordem religiosa masculina da Igreja Católica, contando com mais de 20 mil pessoas em seus quadros.

Nascimento: Em 1491, em Loyola, Espanha.
Importância: Fundador da Companhia de Jesus (ou Ordem dos Jesuítas).
Falecimento: Em 1556, em Roma, Itália.

A vida de Inácio se transformou durante um período de sete meses que ele passou numa caverna em Manresa, no ano de 1522. Vivia um estilo de vida ascético, o que, segundo a tradição, fez com que tivesse visões, uma das quais foi a experiência religiosa definitiva para a sua vida. Ele nunca revelou a natureza precisa dessa experiência, mas parece que ele pensou ter visto Deus em seu verdadeiro aspecto. Como conseqüência, começou a enxergar tudo sob uma nova ótica, e, em particular, foi levado à conclusão de que Deus está presente em todas as coisas.

Por esse tempo começou a escrever os *Exercícios Espirituais* (*1548*), uma coletânea de meditações, orações e atividades intelectuais. Inácio descreveu esses exercícios como:

> "... todo método de exame de consciência, de oração falada e mental (...) para preparar e dispor a alma para livrar-se de todos os liames desordenados; e, depois de removê-los, procurar e encontrar a vontade de Deus com vistas à disposição da própria vida, para a salvação da alma."

Ele desenvolveu esses exercícios com base no seu entendimento das Escrituras e também em experiência espiritual direta. Elas se destinavam a ajudar os crentes a glorificar a Deus e a conduzi-los a uma vida dedicada a esse propósito, para o que punha em ação tanto o intelecto quanto as emoções.

Inácio iniciou, então, um período de estudo com o objetivo de se tornar sacerdote. Mas se envolveu em problemas – tendo sido preso por duas vezes – por ministrar ensino religioso às pessoas sem a devida qualificação. Isso ocorreu durante a Inquisição espanhola, que começou em 1478. Nesse tempo, qualquer professor de religião, especialmente alguém como Inácio, que atraía muitos seguidores, era observado com suspeição.

Entre seus seguidores, estavam Francisco Xavier, Pedro Fabro, Alfonso Salmerón, Diogo Lainez, Nicolau Bobadilha e Simão Rodrigues. Em 1534, junto com esses seis beatos, Inácio fundou a Companhia de Jesus, cujos membros se comprometiam a engajar-se em quaisquer deveres que lhes fossem impostos pelo Papa.

A meta da nova ordem religiosa era a salvação de seus próprios membros (os jesuítas) e da humanidade como um todo. Inácio foi escolhido como primeiro Superior Geral da Companhia de Jesus, e dedicou o resto de sua vida a dirigir as atividades da nova sociedade pelo mundo todo.

Talvez o fato mais significativo foi que Inácio e os jesuítas se empenharam na oposição à Reforma Protestante, exercendo importante papel na Contra-Reforma. Os jesuítas urgiam os fiéis a continuar a obedecer tanto às Escrituras como à autoridade papal. Inácio chegou ao ponto de afirmar:

"Precisamos sempre estar dispostos a acreditar que o que parece branco é, na realidade, preto, se a hierarquia da Igreja assim o decidir."

Os jesuítas: : Ordem religiosa da Igreja Católica, fundada pouco antes da Contra-Reforma, em 1534. Enfatizava a obediência às Escrituras Sagradas, ao Papa e à doutrina católica. Suas atividades principais foram fundar escolas, converter não-cristãos ao catolicismo e impedir o avanço do protestantismo.

Cristianismo

O Reformador

Martinho Lutero

Martinho Lutero é, talvez, mais conhecido como o inspirador da Reforma Protestante. Sua insistência em afirmar a primazia das Escrituras sobre a autoridade papal foi o início de um período de questionamento que culminou com uma divisão na Igreja Católica do século XVI.

Nascimento: Em 1483, em Eisleben, Alemanha.
Importância: Seus ensinamentos inspiraram a Reforma Protestante.
Falecimento: Em 1546, em Eisleben, Alemanha.

Quando jovem, Martinho Lutero não conseguia convencer-se da certeza de sua salvação. Ele se sentia um pecador na presença de Deus. Sua incapacidade de lidar com esse senso de indignidade levou-o quase a odiar o Deus que ele se dispusera a cultuar. Mas por meio de estudo intensivo, Martinho alcançou um novo entendimento da salvação, que transformou seu modo de ver a religião.

A visão cristã ortodoxa sugeria que talvez a justificação pudesse ser alcançada por meio de boas obras, *conjugadas* ao auxílio de Deus. Lutero discordou, afirmando que a justificação é *concedida* por fé. A salvação não é algo que possa ser conquistado. Antes de tudo, ela é dom da graça de Deus, que nos foi ofertada pela vida de Jesus Cristo. Essa doutrina da justificação (ou salvação) é a base de todos os ensinos de Lutero. Ele escreveu em seu *Prefácio à Epístola aos Romanos* (1552):

> "A fé é a confiança viva e ativa na graça de Deus, tão segura e certa que uma pessoa pode pendurar sua vida nela mil vezes."

Essa reformulação da idéia da salvação colocou Lutero em conflito com a Igreja Católica. Isso ficou mais notoriamente conhecido com a publicação de suas *95 Teses*, em 1517. Nelas, Lutero negou a Roma o direito de conceder indulgências (certificados de remissão ou perdão de punições por pecados) ou indultos. Suas teses foram lidas amplamente e encontraram uma audiência receptiva entre os pobres e autoridades civis locais, que sofriam com a transferência de fundos a Roma. Sua argumentação contra as indulgências foi mais exatamente esta: nada há nas Escrituras Sagradas que sugira que o Papa tenha o poder de conceder remissão da punição. O ponto crucial, nesse caso, é que ele favoreceu as Escrituras Sagradas acima da autoridade papal, o que deflagrou a Reforma.

A controvérsia das indulgências não representava, de forma alguma, toda a extensão das discordâncias de Lutero com Roma. Por exemplo, ele questionou a competência dos padres para atuarem como mediadores entre os indivíduos e Deus. Com isso ele quis dizer que a liberdade dos cristãos reside em sua redenção pela graça de Deus. O que se requer deles é que devotem toda a sua vida a serviço de Deus.

Por uma perspectiva moderna, existe a tendência de aplaudir Lutero pela coragem que teve de desafiar o poder da Igreja Católica Romana. No entanto, ele defendeu opiniões que são consideradas inaceitáveis pelos modernos padrões de moralidade. Foi veemente opositor do judaísmo, por exemplo, aconselhando pessoas a incendiar sinagogas e a confiscar casas e dinheiro de judeus.

Não obstante, a significação de Lutero como figura histórica é inegável. Ele não apenas colocou as rodas da Reforma em movimento, como também seus ensinamentos tornaram-se a base para a Igreja Luterana, que, nos dias atuais, conta com cerca de 70 milhões de membros.

A Reforma: Movimento ocorrido no século XVI, com o objetivo de reformar a Igreja Católica, e que resultou no surgimento da fé protestante na Europa Ocidental. Isso, por seu turno, levou à Contra-Reforma, que consistiu nas mudanças reformistas e estruturais implementadas no catolicismo para evitar o crescimento do protestantismo.

Cristianismo

Criacionismo

O termo criacionismo refere-se com mais freqüência à crença de que o mundo foi criado por Deus como descrito em Gênesis, o primeiro livro da Bíblia. Apresenta-se normalmente como uma alternativa para a Teoria da Evolução, de Darwin, para explicar a existência de vida humana sobre a terra. Por isso mesmo, muitos criacionistas consideram-se opositores de uma ortodoxia científica que se acha enraizada em um naturalismo metafísico irracional (a crença de que tudo que existe é natural ao invés de sobrenatural.

O criacionismo, em sua forma atual, um fenômeno preponderantemente norte-americano, surgiu nos séculos XVIII e XIX, quando a ciência, e o secularismo mais em geral, começaram a se estender por territórios que antes haviam pertencido à religião. Nos Estados Unidos, associou-se de modo mais significativo ao surgimento do fundamentalismo cristão, o que ocorreu ao final do século XIX. O impulso ao desenvolvimento desse movimento foi a percepção, por parte de protestantes conservadores, de que a autoridade da Bíblia estava sendo posta em xeque pelo racionalismo e a modernidade. A teoria do darwinismo, em particular, era condenada no periódico desse movimento, *Os Fundamentos*, como "o aspecto mais deplorável de toda uma propaganda desastrada".

Com o crescimento do movimento fundamentalista norte-americano, este exerceu enorme pressão em termos de governo, particularmente no Sul, na tentativa de impedir o ensino da doutrina da evolução nas escolas. Essa situação conduziu diretamente ao famoso "Julgamento de Scopes", em 1925, em que um professor, John Scopes, foi processado por violar uma lei do Tennessee, que bania o ensino da evolução. No julgamento confrontaram-se William Jennings Bryan, um antievolucionista empedernido, e Clarence Darrow, notável advogado de defesa. Embora Scopes perdesse a questão, Darrow conseguiu humilhar Bryan perante o júri, e o evento foi posteriormente considerado um desastre para o fundamentalismo, para a inerrância bíblica e para a explicação criacionista sobre a origem da vida.

O debate sobre o criacionismo nos Estados Unidos ofuscou-se aos olhos do público nas décadas de 1930 e 1940, quando o fundamentalismo cristão, de modo geral, sofreu pressões e a modernidade se alastrou por todas as áreas. Em 1967, de fato, a lei do Tennessee que bania o ensino da evolução foi revogada. Com certa ironia, no entanto, foi por esse tempo que o criacionismo, juntamente com o fundamentalismo cristão, não por coincidência, começaram a ressurgir nas esferas pública e política.

Em sua roupagem moderna, o criacionismo possui uma porção de feições. Essas incluem o Criacionismo da Jovem Terra, que afirma ter sido a Terra, bem como a vida sobre ela, criada há alguns poucos milênios, uma leitura literal da descrição de Gênesis; Criacionismo Progressivo, que aceita a maioria das versões científicas da evolução, afirmando, no entanto, a intervenção de Deus no processo; e, mais recentemente, Projeto Inteligente, um movimento que afirma existirem elementos do mundo natural que melhor se explicam com referência a um projetista (por exemplo, a complexidade irredutível de certos aspectos dos organismos vivos).

Os diversos movimentos criacionistas nos Estados Unidos mantêm um interesse em influenciar a maneira pela qual se ensinam Ciências nas escolas, e em garantir que haja igual espaço de tempo para o relato criacionista da origem dos seres humanos. Entretanto, embora tenham tido êxito limitado em estados como o Kansas, onde por um breve período, por volta da passagem do milênio, o ensino da evolução foi erradicado do currículo de Ciências nas escolas públicas, os criacionistas têm sofrido numerosos reveses na justiça. A mais recente derrota ocorreu em 2005, quando o juiz John E. Jones III sentenciou que o Projeto Inteligente não é uma ciência, mas, sim, por sua natureza, essencialmente religioso.

Cristianismo

O Teólogo da Predestinação

João Calvino

João Calvino, teólogo da Reforma Protestante do século XVI, acreditava que os humanos são inteiramente dependentes de Deus. Isso se entende no sentido não só de que Deus é o criador e senhor de todas as coisas, mas que mesmo os nossos destinos estão, absolutamente, em suas mãos.

Nascimento: Em 1509, em Noyon, Picardy, França.
Importância: Formulou uma Teoria da Predestinação, que teve importante impacto na formação do pensamento moderno.
Falecimento: Em 1564, em Genebra, Suíça.

Calvino esposou a visão agostiniana de que os seres humanos são nascidos em pecado, como resultado da rebelião humana contra Deus. A conseqüência natural disso é a condenação eterna. Não obstante, Calvino argumentava que Deus, por sua graça, decidiu ser misericordioso para alguns, predestinando-os para a salvação eterna. Esses escolhidos são os "eleitos". Infelizmente, existem também aqueles que são "reprovados", aos quais Deus não escolheu para lhes ser misericordioso, e essas pessoas estão destinadas a sofrer o tormento da eterna condenação no inferno.

O ponto importante é que não há nada que possamos fazer para alterar nosso destino. De acordo com a doutrina calvinista, pertence à escolha exclusiva de Deus que uma pessoa seja salva ou não. "Eleição incondicional" significa que um membro dos eleitos nunca poderá ser excluído da graça, enquanto um reprovado jamais poderá herdar a salvação eterna, não importando o grau de bondade

"Deus, por seu eterno e imutável desígnio, determinou, de uma vez por todas, aqueles a quem queria dar para sempre a salvação e, por outro lado, aqueles a quem queria entregar à perdição."

Calvino, *Institutos da Religião Cristã*

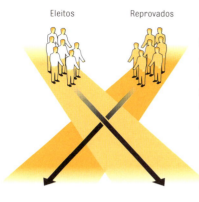

À esquerda: Calvino acreditava na doutrina da predestinação: os "eleitos" foram destinados à salvação eterna, enquanto os "reprovados" seriam sentenciados à eterna condenação.

que queira imprimir à sua vida.

O problema com uma teologia da predestinação é que ela levanta a questão de como é possível saber se você é parte dos eleitos ou não. A resposta de Calvino era que o sucesso na "vocação" a Deus era um sinal de que essa pessoa fazia parte dos eleitos. Isso significa que, se você leva uma vida totalmente correta à luz da palavra de Deus, poderá considerar isso como um indicador de que você será salvo.

Embora a teologia de Calvino não seja incompatível com a de outros reformadores, como Martinho Lutero, sua ênfase na predestinação e na importância do sucesso na vocação pessoal teve um impacto significativo na formação do mundo moderno. O sociólogo Max Weber, por exemplo, afirmou que a faísca que levou ao surgimento do capitalismo originou-se nas idéias de Calvino, com ênfase no trabalho árduo, na parcimônia e na temperança.

Calvino teve fortes reservas à capacidade da mente humana em compreender as verdades fundamentais da religião, a não ser como elas são reveladas na Bíblia. Ele enfatizava, antes de tudo, a importância de alguém se devotar às ações terrenas que auxiliassem a prenunciar o reino de Deus sobre a terra. Nesse sentido, os ensinamentos de Calvino não são, a rigor, uma teologia a ser entendida intelectualmente, mas, sim, uma cartilha de vida cristã.

O Metodista

John Wesley

O Clube Santo, um grupo de estudos de religião, dirigido por John Wesley, em Oxford, na década de 1730, não se parecia com a maioria das sociedades das universidades modernas. Tal era a devoção de seus membros ao estudo metódico e à oração, que logo atraíram a alcunha de "metodistas".

Nascimento: Em 1703, em Epworth, Inglaterra.
Importância: Fundador do movimento metodista.
Falecimento: Em 1791, em Londres, Inglaterra.

As atividades do grupo se estendiam muito além da Universidade de Oxford. Seus membros visitavam a prisão da cidade, ensinando os detentos a ler e auxiliando-os a encontrar emprego. Eles também proporcionavam ajuda aos pobres e visitavam asilos, presenteando a todos com roupas e medicamentos.

No estágio inicial de sua vida, pouca coisa parecia ser diferente na posição teológica de Wesley. Em 1738, no entanto, ele experimentou uma revelação religiosa. Comprometeu-se então com a idéia da possibilidade da salvação universal.

O significado da revelação de Wesley não se tornaria aparente sem certo conhecimento das idéias de João Calvino. O calvinismo sustenta que a salvação é dom divino que se destina apenas a uns poucos eleitos, e nada que os eleitos ou os não-eleitos façam mudará seu destino: tudo é predestinado.

A revelação de Wesley, que o levou a abraçar uma forma de "arminianismo" (assim denominado por causa de Jacobus Arminius), era que, pela fé em Jesus Cristo, e somente por fé, com a graça

"Eu senti que confiei em Cristo, em Cristo unicamente, para a salvação; e uma garantia me foi dada: de que Ele tinha me livrado de meus pecados, ainda que meus, e me salvado da lei do pecado e da morte."

Wesley, *Journal*

de Deus, é possível alcançar a salvação. Essa possibilidade está aberta a todos. A salvação não está restrita a poucos eleitos.

Por haver chegado a essa compreensão, Wesley tornou-se evangélico por vocação. Ele pregava diretamente ao povo e logo teve o apoio de sociedades metodistas, para as quais chegara a elaborar uma série de regras. Seus sermões tornaram-se famosos e, seguidamente, suscitavam reações extremas. Conta-se, por exemplo, que os mineiros de Kingswood, na Inglaterra, teriam chorado intensamente ao ouvir sua mensagem. Seu empenho, no entanto, não foi apreciado por todos: a Igreja estabelecida, em particular, considerava-o um perigoso "levantador de poeira".

Ainda que se saiba que Wesley se opôs ao tráfico de escravos, não seria verdadeiro caracterizá-lo como revolucionário político. Historiadores muitas vezes afirmaram que suas idéias – e o metodismo de modo geral – ajudaram a calar a classe trabalhadora durante o difícil período da Revolução Francesa e das guerras napoleônicas. No entanto, também é verdade que muitos socialistas simpatizaram com o impulso universal contido em sua mensagem: mais especificamente, a idéia de que a salvação está aberta a todos e de que todas as pessoas são iguais aos olhos de Deus. De fato, Morgan Phillips, um líder político do Partido Trabalhista britânico do século XX, disse que o socialismo na Inglaterra devia mais ao metodismo do que ao próprio marxismo.

Metodismo: Movimento protestante do século XVIII, originário da Inglaterra e que se difundiu no mundo graças à atividade missionária. Procurou revitalizar a Igreja, enfocando uma abordagem metódica das Escrituras e a idéia da salvação por fé ao invés da predestinação.

O Polímata

Blaise Pascal

Blaise Pascal, o grande polímata do século XVII, é mais conhecido no campo da religião por sua famosa "aposta", em que tenta demonstrar que a fé em Deus é algo racional.

Nascimento: Em 1623, em Clermont-Ferrand, França.
Importância: Autor da "aposta" que levou seu nome – Aposta de Pascal.
Falecimento: Em 1662, em Paris, França.

Na noite de 23 de novembro de 1654, Pascal teve uma experiência de conversão, e a religião tornou-se força dominante em sua vida. Sua experiência foi tão profunda que ele a inscreveu num pedaço de pergaminho e mandou costurá-la dentro de seu casaco, carregando-a com ele pelo resto da vida. Depois dessa experiência, Pascal, que antes se preocupara mais com a Matemática e a Física, passou a se dedicar a escritos sobre religião. Suas *Cartas Provinciais* (1656-1657) foram um ataque à opinião dos católicos da Ordem dos Jesuítas. No fundo, ele os acusou de oportunistas em sua visão teológica e moral. Dizia que os jesuítas eram capazes de sacrificar a exatidão escriturística por ganhos políticos.

As visões teológicas mais amplas de Pascal apontavam para a influência de Santo Agostinho. Ele estava convencido de que apenas pela graça de Deus as pessoas poderiam ser redimidas. De seu ponto de vista, a graça de Deus é tamanha, que aquelas pessoas que foram abençoadas por ele sempre escolherão seguir seus caminhos. Entretanto, Pascal também creu na predestinação; isso significa que apoiava a idéia de que a salvação é preordenada. Portanto, não há nada de específico que o indivíduo possa fazer para alcançar a salvação. Deus fará sentir a Sua presença ou não fará.

Essa concepção torna levemente paradoxal o fato de que Pascal despendeu os últimos anos de sua vida para escrever uma apologia ao cristianismo. Essa obra foi coletada sob o título de *Pensamentos* (1669). É nela que se pode encontrar a famosa Aposta de Pascal sobre a existência de Deus (veja na ilustração).

Ele afirmava: ou Deus existe ou não existe; nós precisamos decidir por uma dessas posturas; é um dilema inevitável da

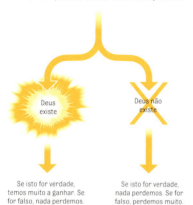

O homem precisa decidir sobre em que crer:

Deus existe — Se isto for verdade, temos muito a ganhar. Se for falso, nada perdemos.

Deus não existe — Se isto for verdade, nada perdemos. Se for falso, perdemos muito.

À esquerda: A Aposta de Pascal é uma tentativa de persuadir as pessoas de que crer em Deus é algo racional.

existência humana. Caso Deus não exista, pouco perdemos por pensar que ele existe; caso Deus exista, temos muito a ganhar por crer nisso e, ao mesmo, tempo perderemos muito por pensar que ele não existe. Por conseguinte, faz sentido "apostar" que Deus existe, e agir de acordo.

A Aposta não é um argumento em favor da existência de Deus. Mais propriamente, é um argumento em favor da *racionalidade* da crença em Deus. Direcionava-se em primeiro lugar às pessoas que não têm certeza da existência de Deus – pessoas céticas, mas interessadas. Prende-se, no entanto, incomodamente, à sua concepção de predestinação. Pascal antecipou-se à crítica de que tentar persuadir as pessoas da eficácia da crença religiosa é estranho, se é que procede que a crença delas não é elemento constitutivo da salvação. Sua reação foi a de que Deus poderia optar por realizar sua obra por meio de outros, de modo que sentia ser seu dever tentar conduzir as pessoas à fé.

Embora seja bem mais conhecido por sua Aposta, o alcance intelectual de Pascal foi amplo, e sua obra no campo das Ciências e da Matemática é tão impressionante como sua apologética no âmbito da religião.

O Quacre

George Fox

George Fox é lembrado por sua personalidade inspiradora, estopim do surgimento de um novo movimento religioso: os quacres. O ponto central da crença quacre é que uma pequena parte de Deus existe dentro de cada pessoa. Portanto, há um potencial de bondade em todos. O movimento tem uma longa história de pacifismo e ativismo nos direitos civis, tendo se envolvido com a abolição da escravatura.

Nascimento: Em 1624, em Fenny Drayton, Inglaterra.
Importância: Fundador da Sociedade de Amigos (Quacres).
Falecimento: Em 1691, em Londres, Inglaterra.

Fox sofreu enorme desencanto com o clero da Inglaterra do século XVII. Ao final da adolescência, ele descreveu os clérigos como "confortadores miseráveis", que agravaram seus tormentos ao lhe oferecerem tabaco, ralhando com ele por pisar numa planta, e sugerindo a sangria como forma de curar sua mente doentia. Para justificar seu desdém, ele conta que, numa manhã de domingo, recebeu diretamente de Deus a confirmação:

> "O Senhor abriu-me o entendimento de que o fato de ter sido educado em Oxford ou Cambridge não era suficiente para preparar e qualificar as pessoas a se tornarem ministros de Cristo".

Fox refere-se aí a uma captação direta, divinamente inspirada, de verdades religiosas. As conseqüências que resultaram de seu reconhecimento dessa possibilidade foram muitas. Mais especificamente, queria significar que não era necessário se voltar à Igreja estabelecida e a seus ministros para conhecer Deus e suas intenções para com o mundo. Fox experimentou uma série de revelações: a de que Deus não reside nos prédios religiosos que os homens constroem para ele, que os membros do Clero estabelecido não possuem a fé verdadeira e que era um chamamento pessoal trazer as pessoas ao espírito de Cristo que estava nelas: "Estas coisas eu não vi com o auxílio de homens, nem pela letra, embora elas estejam ali escritas, mas eu as vi à luz do Senhor Jesus Cristo e por seu Espírito e poderes imediatos...".

Ele iniciou a tarefa de levar sua mensagem ao povo da Inglaterra em 1647. Seus primeiros seguidores foram apelidados de quacres, pois davam a impressão de tremer ou vibrar com o zelo pela religião. Ele os doutrinou sobre os males da religião estabelecida e os benefícios de sua própria doutrina de revelação direta mediante uma "luz interior". Também pregou sobre uma porção de outras doutrinas mais específicas, incluindo a abstenção da autoridade religiosa e a oposição à guerra e à escravidão.

George Fox não se entrosou com as autoridades por causa de sua atividade. Ofendia constantemente os líderes eclesiásticos ao contradizê-los e ao recusar-se a participar de ritos religiosos ou a pagar o dízimo. Foi preso em oito ocasiões distintas durante a vida. Esse fato, no entanto, não impediu que sua Igreja Quacre crescesse em tamanho e definisse a sua base organizacional. Fox reagiu a essas dificuldades engendrando mudanças na legislação, de modo a permitir liberdade de expressão religiosa. O Ato de Tolerância foi aprovado em 1689, pouco antes de sua morte.

Os quacres, que hoje se denominam "Sociedade Religiosa de Amigos", ainda crescem. Muitos dos ensinamentos originais de George Fox mantêm seu significado em círculos quacres.

> **Os quacres:**
> Originários da Inglaterra no século XVII, em virtude das insatisfações com a ordem religiosa vigente. Os quacres defendiam o pacifismo e o direito à vida e ao culto, de acordo com as convicções pessoais e com revelações interiores. Entre as várias correntes do quaquerismo existem, não obstante, alguns pontos centrais que são comuns a todas as demais.

O Existencialista Religioso

Søren Kierkegaard

Søren Kierkegaard, um dos grandes filósofos do século XIX, negava ser possível fazer com que Deus e a fé cristã fossem transparentes à razão. Ele acreditava que ambos estavam além do entendimento racional.

Nascimento: Em 1813, em Copenhague, Dinamarca.
Importância: Negou ser possível que a fé e a religião cristã sejam entendidas racionalmente.
Falecimento: Em 1855, em Copenhague, Dinamarca.

Especificamente, Søren afirmou que a esfera da religião se constitui de um "salto de fé" que a joga para fora do domínio da racionalidade. O culto do cristão ao Deus-homem Jesus é um paradoxo. Simplesmente não é possível apelar para argumentos racionais ou evidência empírica para justificar essa crença. A única coisa disponível é um comprometimento apaixonado. Em seu livro *Medo e Tremor* (1843), Kierkegaard detalhou o que isso poderia significar para a ética, analisando a história bíblica de Abraão e Isaque.

Em Gênesis, primeiro livro da Bíblia, Deus ordena a Abraão que sacrifique seu filho Isaque. De acordo com Kierkegaard, a obediência a essa ordem requer um comportamento que está completamente fora do domínio da moral usual. Requer a suspensão do que é ético, a serviço de uma meta (*telos*) superior. Ele ilustra esse fato ao comparar a situação de Abraão com a de um "herói trágico".

Considere o seguinte cenário: um comandante militar sabe que, se quiser evitar a derrota numa batalha, ele precisa enviar um batalhão de soldados ao *front* sob o condição de morte certa. O batalhão inclui seu filho no contingente. Isso o põe num dilema moral desesperador, o qual, no entanto, pode ser encarado racionalmente. Seja qual for a decisão do comandante, ele estará apto a oferecer uma justificativa que as pessoas vão entender. Não é essa a situação de Abraão. Ele simplesmente precisa obedecer à ordem que lhe vem de Deus, e que terá uma conseqüência impensável em termos de um discurso moral comum. Ele não apenas não consegue justificar suas ações às outras pessoas, como também não consegue convencer a si próprio por que lhe foi pedido isso. Tudo o que importa é seu comprometimento absoluto com uma relação subjetiva e palpável com Deus.

A fé religiosa não é, pois, uma opção fácil. De fato, Kierkegaard afirmava que uma fé religiosa apropriada pode ser alcançada apenas com dificuldade. Isso evidentemente levanta a questão de por que alguém escolheria essa opção. Ele respondeu que somente pela crença religiosa o indivíduo pode evitar o desespero e encontrar seu próprio "eu", num clima de liberdade que, paradoxalmente, oferece a dependência de um ser transcendente.

Existem problemas em enfatizar a irracionalidade da crença religiosa. Há, no mínimo, a possibilidade de que o cerne da irracionalidade que se encontra no âmago do pensamento de Kierkegaard sobre a religião poderia muito facilmente transformar-se numa espécie de niilismo ou até mesmo fascismo. Afinal, como Voltaire afirmou, muitas práticas terríveis têm sido justificadas com base em apelos à fé (e o próprio Kierkegaard esposou algumas posições sociais um tanto reacionárias).

Não obstante, a importância de Kierkegaard como pensador e filósofo religioso está acima de qualquer suspeita. Embora não fosse reconhecido como um grande pensador em vida, com o surgimento do existencialismo no século XX, que colocou o indivíduo como centro das coisas, a originalidade e a importância de sua obra, particularmente no que se refere à fusão de temas filosóficos e religiosos, tornaram-se muito apreciadas.

> **Fé:** Para Kierkegaard, a fé não consiste em regurgitar dogmas da Igreja. Trata-se de uma paixão individual e subjetiva, que não pode ser intermediada pelo clero ou por artifícios humanos. A fé é a mais importante tarefa a ser alcançada pelo ser humano, porque apenas com base na fé o indivíduo tem a chance de encontrar seu verdadeiro "eu".

O Teólogo da Libertação

Gustavo Gutiérrez

Gutiérrez é autor de uma obra desbravadora, que se desenvolveu para tornar-se o que ele chamou de "Teologia da Libertação". Gutiérrez afirmava que a teologia deveria refletir o contexto social contemporâneo, para o qual se dirigia, em vez de permanecer inalterada no tempo.

Nascimento: Em 1928, em Lima, Peru.
Importância: Articulou o movimento definitivo da Teologia da Libertação.
Falecimento: -

O pleito fundamental da Teologia da Libertação é que a teologia nasce e se dirige para contextos e circunstâncias históricas bem determinados. A teologia, de acordo com Gutiérrez, deveria sempre ser "uma reflexão crítica sobre a práxis [ação] cristã, à luz da Palavra". Deveria estar fortemente inserida no contexto social da fé e sempre pronta a enfrentar os desafios da vida contemporânea.

Contrastando com muitos teólogos ortodoxos, que entendem a sua disciplina relativamente desengajada do mundo político e social, Gutiérrez insistia em que os fatos sociais são centrais e que existem realidades históricas que devem ser examinadas por meio da prática teológica.

O impulso radical de Gutiérrez originou-se em parte de sua experiência da pobreza abjeta a que se acham submetidas muitas áreas da América do Sul. Foi também motivado por seu cristianismo. Ele acreditava que a fé cristã requer de uma pessoa que ela persiga a justiça nas esferas sociais e

"... [o] momento teológico é de uma reflexão crítica por dentro e em cima de uma práxis histórica concreta, confrontando a palavra do Senhor com a forma em que é vivida e aceita por fé..."

Gutiérrez, *O Poder dos Pobres na História*

políticas. A teologia está atrelada à necessidade de mudar o mundo para melhor. Esta é uma teologia que tenta participar do processo de transformação do mundo em vez de ser apenas reflexiva.

Gutiérrez afirmou que a luta pela libertação estava inteiramente ligada ao empenho para obter a salvação. Em sua obra original *Uma Teologia da Libertação* (1973), ele identificou três aspectos da libertação: da privação e exploração econômicas, do fatalismo e do pecado, capacitando a pessoa a se abrir para Deus.

A vantagem de insistir em que esses três aspectos de libertação são partes de um mesmo processo de salvação é que ela é realista em termos das circunstâncias difíceis com as quais as pessoas se defrontam. Antes de admitir que a salvação é um assunto puramente espiritual, de um relacionamento pessoal com Deus, ela admite que esse relacionamento está inserido em condições históricas específicas.

A teologia da libertação tem enfrentado a crítica das mais diversas fontes. De modo especial, afirma-se que seu foco tende a ser mais sobre libertação política do que propriamente sobre teologia cristã. Alegações específicas dão conta de que os teólogos da libertação fazem a apologia da violência e que simpatizam com conceitos marxistas, que são incompatíveis com a mensagem do cristianismo.

Talvez seja muito cedo para discernir como a história irá avaliar a Teologia da Libertação, mas é justo afirmar que o livro de Gutiérrez, *Uma Teologia da Libertação*, é uma das mais importantes obras teológicas do século XX.

> **Teologia da Libertação:** Uma combinação de teologia cristã e ativismo político, que advoga idéias de justiça social e direitos humanos. Examina a teoria religiosa à luz do contexto social e político da atualidade, numa tentativa de libertar os pobres e oprimidos. Teve uma influência mais presente na América Latina.

Deísmo

Deísmo é o conceito de que é possível chegar a conhecer a existência de Deus unicamente por meio da razão. De acordo com essa percepção, a revelação não faz parte do nosso conhecimento de Deus. Também tem-se associado o termo à idéia de que Deus criou o Universo e então desapareceu, permitindo-lhe que tivesse andamento segundo suas próprias leis.

Um deísta desse último tipo também será um deísta do primeiro, pois um Deus ausente não necessita de revelação. Não há, no entanto, razão para que um deísta do primeiro tipo seja também um deísta do último. O deísmo é inteiramente compatível com a idéia de um Deus pessoal, presente no universo e na vida dos seres humanos. Insiste apenas em que alguém chega ao conhecimento desse fato pelo uso da razão.

O deísmo se destacou na Inglaterra no final do século XVII, baseado na confiança crescente no poder da ciência e da razão. Seu primeiro expoente foi Edward Herbert, que defendeu a idéia de que desde o início dos tempos o homem possui uma porção de idéias religiosas inatas, dadas por Deus. Isso inclui a disposição de crer num ser supremo, a necessidade de adorá-lo (o que se faria com maior eficácia por meio de uma vida de piedade e virtude), e a crença numa vida pós-morte, definida pela noção de que ela será caracterizada por retribuição e punição, a depender de como você levou sua vida. De acordo com Herbert, essas idéias se encontram no âmago de toda devoção religiosa, constituindo-se numa "religião natural", que pode ser alcançada por meio da razão.

Os pensadores deístas que seguiram Herbert, como Anthony Collins e Matthew Tindal, inclinaram-se a aceitar a argumentação de que uma crença religiosa apropriada precisa estar assentada na razão, e rejeitaram a idéia de que os livros sagrados revelavam verdades religiosas. Isso, na verdade, levanta a questão de qual seria, então, uma evidência da existência de Deus. A resposta mais provável se referia à natureza ordenada do Universo. Voltaire, o grande deísta francês, afirmava que o Universo apresentava as marcas da divindade por meio da ordem e regularidade, expostas com tanta precisão por Isaac Newton.

Os deístas opunham-se decididamente ao extremismo religioso. Voltaire empenhou-se numa campanha isolada contra o que alegava serem violentos excessos da Igreja Católica de seu tempo. O comprometimento deísta com a moderação se enquadrava na defesa que fazia à razão como caminho para a fé religiosa. Se houver algo tal como uma "religião natural", qualquer pessoa terá a condição de se amparar nela, dispensando a necessidade de exclusividade e intolerância.

> Como Deus nos fez criaturas racionais, e a Razão nos diz que esta é a sua vontade, a de agirmos segundo a Dignidade de nossa Natureza, a Razão deve, pois, determinar quando devemos fazê-lo."
>
> Matthew Tindal

O deísmo sobrevive até hoje, mas de forma truncada. Seus problemas se revelam no detalhe de sua mensagem. Os deístas nunca foram capazes de se entender sobre quais crenças religiosas eram apoiadas pela razão, e a idéia de que existem elementos de crença religiosa que são universais foi contrariada com o crescimento do conhecimento histórico e antropológico.

O Profeta

Maomé

Maomé, o grande profeta da fé muçulmana, foi o fundador histórico do islamismo. Entretanto, mesmo dentro da tradição islâmica, sua vida e obra são consideradas como o apogeu da verdadeira e única religião, anteriormente esboçada de forma imperfeita nas religiões abraâmicas do judaísmo e do cristianismo.

Nascimento: Em 570 d.C., em Meca.
Importância: Fundou a religião islâmica.
Falecimento: Em 632 d.C., em Medina.

O cerne das idéias religiosas de Maomé, assentadas no Corão e aceitas como palavras inspiradas por Deus, a ele confiadas pelo anjo Gabriel, não são muito diferentes das idéias características do judaísmo e do cristianismo. Ele ensinava que existe um Deus eterno (Alá), e que não há outro Deus além dele. Alá é onisciente (sabe tudo), onipotente (pode tudo), benevolente e justo.

É dever de todos adorar e servir o Deus único, viver uma vida moral e procurar aprimorar a humanidade. Era crença de Maomé que os seres humanos, com certeza em seu tempo, não alcançavam esse ideal. Eles eram particularmente culpados do pecado do politeísmo – de adorar mais de um deus – e, com isso, falhavam em tributar a Deus a exclusividade de culto, o que lhe é de direito. Os cristãos, por exemplo, transformaram Jesus em uma espécie de Deus, e os politeístas árabes atribuíram a divindade a diversos anjos. A resposta de Maomé foi insistir, repetidamente, em que existe apenas um Deus e pregar a punição na vida futura para quem se desviasse do caminho da justiça.

Maomé ensinou um conjunto de regras altamente necessárias na vida religiosa de seus seguidores. Em seu último sermão, em 632 d.C., ele incitou:

"Cultuem Alá, façam suas preces cinco vezes ao dia, jejuem no mês de Ramadã, e ofereçam suas riquezas em Zakat. Pratiquem o *Hajj* (peregrinação a Meca) se tiverem os meios necessários. Vocês sabem que todo muçulmano é irmão de outro muçulmano. Vocês são todos iguais. Ninguém é superior ao outro, exceto em piedade e boas obras. Lembrem-se de que um dia todos comparecerão diante de Alá e terão de responder por seus feitos."

Maomé proferiu sua mensagem enfrentando grande oposição. Como conseqüência, a idéia de luta (*jihad*) se destaca no Corão. Os estudiosos se dividem quanto à verdadeira natureza do *jihad* – seus limites e contra quem estaria voltado. Parece claro, no entanto, que em certas circunstâncias, especialmente (e talvez apenas) quando seus seguidores tiverem sido expulsos de sua terra, o Corão sanciona a violência contra os infiéis:

"... combatam no espírito de Alá contra os que combatem vocês (...) Matem-nos onde quer que os encontrem e expulsem-nos donde eles vos expulsaram."

Os aspectos políticos das idéias de Maomé são claros por todo o Corão. Ele se posiciona ao lado dos oprimidos, insistindo em que Deus está ao lado da justiça. Condena a desigualdade material e manda que todos os muçulmanos dêem esmolas aos pobres. O Corão, de fato, pode ser lido propriamente como um tratado político. Como Michael Cook indica, ele tem um vocabulário marcante de política monoteísta, cujo tema é "literalmente bem revolucionário, enfocando o triunfo dos crentes contra a opressão penetrante da descrença".

O Líder Xiita

Ali

Ali ibn Abi Talib (nome comumente abreviado para "Ali"), primo de Maomé, era, em vida, seu parente mais próximo – razão pela qual alguns membros da comunidade islâmica original fossem da opinião de que ele deveria tornar-se o primeiro califa muçulmano.

Seus seguidores também achavam que esse teria sido o desejo de Maomé, evidenciado pelo fato de o profeta haver apresentado Ali ao círculo restrito que o acompanhava na sua derradeira jornada a Medina. Maomé teria recomendado que "todo aquele que me considera seu patrono terá também Ali como seu patrono".

Nascimento: Em 599 d.C., em Meca, Arábia Saudita.
Importância: Inspirador do surgimento do islamismo xiita.
Falecimento: Em 661 d.C., em Kufa, Iraque.

A maioria da comunidade muçulmana original, no entanto, diferindo dessa interpretação, elegeu Abu Bakr como o primeiro califa. Mas isso não encerrou a questão. Ainda que Ali, querendo desesperadamente evitar uma guerra civil, tenha concordado com a liderança de Abu Bakr, ele não desistiu da opinião de que a comunidade islâmica deveria ser liderada por um homem que descendesse diretamente de Maomé.

Ali teve sua chance de liderança depois do assassinato do terceiro califa, Uthman, em 656. Em virtude desse fato, a cidade de Medina, nessa época o centro do mundo islâmico, foi tomada pelo caos. Os partidários de Ali, conhecidos como *Shi'is* ou *shi'at Ali,* pressionaram-no a assumir a liderança. Embora ele relutasse (diz-se que por medo de parecer aproveitar-se da morte de Uthman), assumiu a posição, tornando-se o quarto "califa retamente guiado", pelo que, até hoje, é reverenciado por todos os muçulmanos.

O mandato de Ali, no entanto, caracterizou-se por violência interna e guerra civil. Seu comprometimento com a idéia de que a liderança muçulmana deveria ser exercida por descendentes do profeta, e do gênero masculino, agravou a situação que já se mostrava tensa. Na verdade, a cultura de brigas intertribais, que Maomé havia tentado erradicar, reapareceu. Dois companheiros proeminentes de Maomé, Talha e Al Zubayr, apoiados por Aisha, viúva de Maomé, realizaram um levante rebelde contra Ali, mas foram derrotados na Batalha do Camelo (que tomou esse nome porque Aisha resolveu assistir aos acontecimentos sentada num palanquim, instalado no lombo de um camelo).

O confronto mais significativo da liderança de Ali, porém, foi com Mu'awiya Ummayad, o primo de Uthman, governador de Damasco. Isso resultou num impasse militar prolongado, sem que qualquer dos lados pudesse clamar vitória decisiva. Ali tentou um acordo, mas a essa altura ele já perdera muito de seu apoio popular e territorial. Finalmente, quando controlava um pouco mais que a parte central e sul do Iraque, territórios por ele ocupados, acabou assassinado na mesquita de Kufa, em 661, por um partidário descontente, membro da facção dissidente dos Khariji.

Com a morte de Ali, seus seguidores romperam com os outros muçulmanos, tornando-se conhecidos como os xiitas. Segundo eles, Ali ocupa o *status* de "Amigo de Alá" – o segundo Maomé – e veio a ser a figura que se tornou a fonte das diferenças entre o Islã xiita e sunita.

O Primeiro Califa

Abu Bakr

A morte do profeta Maomé, em 8 de junho de 632 d.C., acendeu o problema de quem deveria sucedê-lo como líder da recém-nascida comunidade muçulmana (*Ummah*). O assunto acabou resolvido em favor da indicação de Abu Bakr, que fora um conselheiro muito próximo a Maomé, numa reunião no Saqifat Bani Saeda, um edifício com telhado usado pela tribo de Saeda.

Nascimento: Em 573 d.C., em Meca, Arábia Saudita.
Importância: Primeiro califa muçulmano.
Falecimento: Em 634 d.C., em Medina, Arábia Saudita.

Por muitas razões, Abu Bakr foi a escolha óbvia. A tradição atesta que ele foi "um homem piedoso, sem traços de agressividade". Ele iniciou o processo de estruturação do Corão e também se revelou como "um gênio militar". Diz-se que ele teria sido a primeira pessoa, depois da própria família do profeta, a se converter ao islamismo. Maomé tinha-o em alta consideração, chamando-o de *Al-Siddiq*, que significa "o que sempre fala a verdade". Além disso, nos últimos dias que precederam a morte do profeta, Abu Bakr foi quem dirigiu as orações, o que alguns consideraram como um indicativo de ser a escolha preferida para assumir a liderança.

Entretanto, sua confirmação ao posto de califa causou na comunidade muçulmana uma ruptura que persiste até hoje. Enquanto os muçulmanos sunitas aceitam Abu Bakr como sucessor legítimo, os xiitas acreditam que o primeiro califa deveria ter sido Ali, o parente de sangue mais próximo de Maomé. Essas posições conflitantes se refletem nas diferentes versões dos fatos ligados à Saqifah. A visão sunita é simplesmente a de que os adeptos de Maomé se reuniram e, então, depois de muita discussão, decidiram apontar Abu Bakr como seu líder. A visão xiita, ao contrário, é a de que Abu Bakr e Omar Ibn al-Khattab conspiraram para tomar a liderança da comunidade muçulmana de Ali, o herdeiro de direito do profeta. Eles alegam que Ali e outros membros chegados à família de Maomé estavam preparando o corpo do profeta para o sepultamento, enquanto se realizava a reunião da liderança. Reclamam, ainda, de que a reunião não foi convocada e que, em razão disso, atraiu apenas um pequeno número de muçulmanos, que não representou a comunidade como um todo.

A liderança de Abu Bakr foi, afinal, aceita por Ali. Abu Bakr provou ser um líder militar eficiente, e a ele se credita a eliminação de toda oposição ao islamismo dentro da Arábia. Mas ele foi obrigado a sufocar várias revoltas durante seu califado. Por um significativo período de tempo, entre 632 e 633, no que se tornou conhecido como as Guerras da Ridda (ou Guerras da Apostasia), ele comandou uma série de campanhas militares para derrotar uma porção de "falsos profetas".

Depois de Abu Bakr suprimir divergências internas na Arábia, ele se envolveu numa guerra de conquistas. Alguns estudiosos afirmam que isso foi motivado pelo desejo de consolidar o controle, por parte do califado, sobre as forças do idioma árabe na região. A verdade é que com Abu Bakr iniciou-se um período de rápida expansão islâmica, o que resultaria, no prazo de um século, na formação de um dos maiores impérios que o mundo já conheceu.

> **Califa:** Título do líder da comunidade islâmica, particularmente dos que sucederam Maomé nos primeiros tempos (os quatro "califas retamente guiados"). Ainda que califas sejam líderes religiosos, eles não disseminam o dogma, uma vez que a verdade do islamismo foi concluída com Maomé.

Islamismo

Islamismo Xiita e Islamismo Sunita

O islamismo caracteriza-se por uma série de divisões, sendo a mais importante delas a dos sunitas e dos xiitas. Esta cisão teve origem na discussão sobre quem deveria suceder o profeta Maomé como o primeiro califa (líder) muçulmano. Muçulmanos xiitas acreditam que deveria ter sido Ali, o mais próximo parente vivo de Maomé.

Por conseguinte, a declaração de fé dos xiitas afirma que:

> "Não há deus a não ser Alá, Maomé é o mensageiro de Alá, e Ali é amigo de Alá. O sucessor do Mensageiro de Alá e seu primeiro Califa."

Na verdade, Abu Bakr tornou-se o primeiro califa, uma decisão apoiada pelos muçulmanos sunitas, parcialmente em razão de ele ter dirigido as orações nos dias que precederam a morte de Maomé, o que teria sido uma indicação de que ele seria o preferido do profeta.

Ali chegou a ocupar o califado por volta de 24 anos após a morte de Maomé, depois que o terceiro califa, Uthman, foi assassinado. Seu reinado foi, no entanto, muito breve. Mu'awiya foi o sucessor, e depois de sua morte, seu filho Yazid proclamou-se califa. Esse fato fez com que Hussein, o filho de Ali, chefiasse um exército contra Yazid, mas, como em desvantagem quanto ao número de combatentes, ele e seus homens foram massacrados na Batalha de Karbala. A luta de Hussein contra Yazid e sua morte na condição de mártir permanecem como importante tema do islamismo xiita.

A linha hereditária direta com Maomé acabou em 873 d.C., quando o duodécimo imã xiita, Maomé al-Mahdi, sumiu logo após herdar o título. Os xiitas acreditam que ele não morreu, mas, ocultou-se em algum esconderijo, de onde retornará ao final dos tempos para inaugurar um reino de justiça.

Tanto sunitas como xiitas concordam em que o Islã se apóia em cinco pilares: Testemunho da Fé, Oração Ritual, Dar Esmolas, Jejum e o *Hajj*, ou seja, a Peregrinação a Meca. No entanto, ambos os grupos interpretam algumas partes do Corão diferentemente, e o xiitas tem um Hadith (conjunto de leis ou ditos) distinto. De forma talvez mais marcante, o islamismo xiita se caracteriza por um tema intenso de martírio, que não se encontra da mesma forma no islamismo sunita. Desse modo, a luta do Aiatolá Khomeini e seus seguidores, durante a revolução iraniana, por exemplo, tem sido apresentada em suas grandes linhas como análoga à luta de Hussein na Batalha de Karbala.

Muitos estudiosos do islamismo têm encorajado a união dos muçulmanos. De forma notável, o xeque Shatoot, da notável escola teológica sunita de Al-Azhar, no Cairo, emitiu uma *fatwa* (permissão), em 1959, em que proclama: "O xiismo é uma escola de pensamento que está apta, do ponto de vista religioso, a seguir o culto, como também estão outras escolas de pensamento sunita".

> **Hadith:** Hadith são as tradições que dizem respeito a palavras e atos de Maomé e são consideradas importantes para determinar o modo de vida dos muçulmanos.

Islamismo

O Jurista

Ibn al-Shafi'i

Ibn al-Shafi'i geralmente é considerado o maior entre os fundadores originais das quatro escolas distintas da lei islâmica (xariá), que continuam dominando até hoje – os Hanifi, Maliki, Shafi'i e Hanbali. Suas idéias foram influenciadas por seu compromisso com as leis existentes, estabelecidas por seus líderes precursores e contemporâneos, posteriormente desenvolvidas e formalizadas por seus seguidores.

Nascimento: Em 767 d.C., em Gaza, Palestina.
Importância: Provavelmente o maior jurista dos primórdios da xariá.
Falecimento: Em 820 d.C., no Egito.

Desde muito cedo Ibn al-Shafi'i foi influenciado por Malik ibn Anas, fundador da escola de jurisprudência Maliki. Mas ele discordou de seu ex-professor sobre o significado religioso da Suna – entre os muçulmanos, conjunto de preceitos, práticas e costumes tradicionais, orientadores da vida e da ação em sociedade – a respeito de como ela era instituída na lei e nas práticas religiosas de Medina, a segunda cidade sagrada do Islã. Ele afirmava que não era seguro basear-se no exemplo de uma cidade apenas e enfatizou, alternativamente, o significado do Hadith – os relatos de dizeres e ações do profeta Maomé – como fonte da lei islâmica.

Al Shafi'i, no entanto, não acreditava que o Hadith pudesse ser simplesmente aceito como autêntico. Ao contrário, era necessário assegurar-se de que cada "hadith" estava amparado numa corrente contínua, abrangendo muçulmanos devotos, até chegar ao tempo de Maomé. Como resultado dessa reivindicação por exatidão histórica, os estudiosos islâmicos começaram a considerar quais os "hadith" eram corretos e quais não eram.

O entendimento de Ibn al-Shafi'i era o de que a lei islâmica seria obrigada a derivar do exemplo do profeta Maomé, como especificado em suas palavras e atos, e que era o dever de todo muçulmano viver o mais próximo possível da vida do profeta. Ele admitiu outras duas fontes para a lei islâmica, as quais, no entanto, desempenharam um papel secundário: a *qadis*,

Acima: A xariá (lei islâmica) divide-se em quatro escolas: Hanifi, Maliki, Shafi'i e Hanbali. Cada escola adota ensinamentos e crenças distintos.

um raciocínio por analogia, para desenvolver novas leis a partir de leis já existentes (permitindo uma sensibilidade da lei islâmica às condições da vida moderna); e a *imja*, o consenso da comunidade: uma vez que Deus não permitiria que toda uma comunidade muçulmana estivesse errada em todos os sentidos, determinado costume, quando aceito por consenso, poderia ser adotado como princípio islâmico apropriado.

A obra de Ibn al-Shafi'i estabeleceu uma moldura dentro da qual poderia ser desenvolvida uma sistematização da lei islâmica. O trabalho de grandes juristas que o precederam, como Malik ibn Anas e Abu Hanifah, havia provocado cismas e conflitos, pois esses se basearam na especulação jurídica e estavam sujeitos à influência de sua situação particular e local. A abordagem de Ibn al-Shafi'i evitou tais problemas com habilidade e deu origem a um modelo para o desenvolvimento de uma legislação islâmica relativamente unificada.

Islamismo

O Filósofo Islâmico

Ibn Sina

Ibn Sina, mais conhecido no mundo ocidental como Avicena, desenvolveu teorias sistemáticas sobre a existência e sobre Deus, que se baseavam fortemente na compreensão de pensadores neoplatônicos da tradição islâmica, como Al-Farabi. Para os não-iniciados, suas teorias parecem estranhas e sobrenaturais, mas, ainda assim, ele é considerado um dos maiores pensadores do período Pré-Moderno.

Nascimento: Em 980 d.C., em Bukhara, Irã.
Importância: Combinou a filosofia helenística com temas religiosos do Islã.
Falecimento: Em 1037 d.C., em Hamadã, Irã.

Pode-se obter o sentido de seu pensamento ao se considerar suas provas para a existência de Deus. Seguindo as tradições de Aristóteles, Ibn Sina afirmou que a existência é algo necessário ou simplesmente possível. Em linhas gerais, algo existe necessariamente se não houver mundo possível em que não exista, logo, um ser existe de forma possível ou eventual se houver um mundo possível em que possa não existir. Sabemos que o mundo de nossa experiência diária está cheio de entidades não-necessárias as coisas – chegam a existir e depois cessam de existir a todo tempo. O argumento de Ibn Sina é o de que toda essa matéria eventual pressupõe, em última análise, algo que existe necessariamente. De outra forma, se não precisasse existir, nada há que explique o porquê de sua existência. Afinal, deve haver uma entidade que exista necessariamente e que contenha a razão de sua própria existência, para funcionar como a causa essencial de toda existência eventual. Esse ser é Deus.

Esse argumento é bastante complexo, mas não é particularmente estranho. Seu conceito de Deus e a relação de Deus para com o cosmos, no entanto, é matéria diferente. Ibn Sina seguiu o que se conhece como a visão "emanista" ao afirmar que o Universo não foi criado *ex nihilo* (a partir do nada) em um momento particular do tempo, mas, em vez disso, que ele existe em face de uma necessidade, emanando da natureza divina de Deus, em sua variedade de formas. Em outras palavras, Deus é

À esquerda: Cães podem existir ou não em qualquer universo particular. Eles são entidades eventual. Em última análise, toda entidade eventual precisa ser criada por uma entidade necessária. Esta é Deus.

aquele Ser do intelecto puro, de quem toda a realidade depende, e com o qual ela está conectada por meio de relações lógicas.

Essa idéia de Deus e a relação de Deus com o cosmos desempenharam um papel importante nas especulações mais amplas de Ibn Sina. Ele afirmava, por exemplo, que o conhecimento do mundo é, em última análise, dependente de Deus. Ele invocou algo que chamou de "Intelecto Ativo", uma espécie de mente mais elevada, conectada com Deus, como o *locus*, ou local exato, do conhecimento humano. Ele sustentava que as pessoas diferem em sua capacidade de adquirir o conhecimento, a depender de sua habilidade de chegar a uma conjunção com esse Intelecto Ativo. Os profetas se saem muito bem; os impuros e irreligiosos, nem tanto.

A tentativa de Ibn Sina de casar a filosofia helenística com temas da religião islâmica não ficou alheia a controvérsias. De modo especial, sua abordagem foi contestada por aqueles que, como Al-Ghazali, afirmavam que ela suprimia Deus da função de agente, transformando-o em algo diferente do Deus do Corão. Não obstante, ele permanece até hoje como figura muito admirada no mundo islâmico, particularmente por seus escritos médicos, e também por sua contribuição ao pensamento filosófico e religioso.

O Místico Sufista

Al-Ghazali

Abu Hamid al-Ghazali, conhecido em vida como "a prova do Islã", talvez seja o primeiro grande intelectual especificamente muçulmano. Seu trabalho de sintetizar filosofia, teologia, jurisprudência e sufismo (forma de misticismo e ascetismo islâmico, contrário à ortodoxia muçulmana, caracterizado por uma crença de fundo panteísta e pela utilização da dança e da música para uma comunhão direta com a divindade) procurou especificar a relação própria entre o homem e Deus, providenciando uma justificativa para o ritual e a prática do Islã.

Nascimento: Em 1058, em Tus, Irã.
Importância: Integrou o sufismo na visão do islamismo ortodoxo.
Falecimento: Em 1111, em Tus, Irã.

Se houvesse um impulso único para motivar esse projeto, seria o pensamento de que, embora pareça possível saber bastante a respeito de Deus fazendo uso de métodos teológicos e filosóficos estabelecidos, não é, no entanto, possível conhecer Deus dessa forma nem ter uma experiência direta com Ele. Em sua obra produzida no século XI, A Incoerência dos Filósofos, Al-Ghazali criticou intensamente os filósofos islâmicos que, como Ibn Sina, acreditavam ser possível chegar às verdades religiosas pelo mecanismo da razão aristotélica.

De acordo com seu sufismo, ele acreditava que, em determinado estado místico, é possível receber um relance do divino:

> "Eu aprendi claramente que os místicos são homens que tiveram experiências reais, e não homens de meras palavras (...) O que me restou foi o que não pode ser alcançado por instrução oral ou por estudo, mas apenas por experiência imediata e por trilhar o caminho místico."

A possibilidade de um conhecimento direto de Deus é atribuída às qualidades espirituais, ou divinas, da alma humana. No decurso normal dos fatos, porém, esse conhecimento se

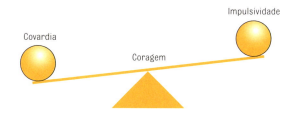

Acima: A doutrina da "Regra de Ouro" afirma que qualquer virtude se encontra entre dois extremos, um deles apresentando deficiência e o outro, excesso. Assim, a virtude da coragem se situa entre a covardia (deficiência) e a impulsividade (excesso).

corrompe pela forte inclinação ao mundo material. O objetivo da oração e do ritual religioso é, então, o de redimir a alma, revelando a ela uma possibilidade de comunicação com o divino. As regras que Al-Ghazali estabeleceu nesse sentido foram bastante precisas. Baseou-se no conceito aristotélico da "Regra de Ouro" (*Golden Mean*), a qual afirma que os humanos se realizarão se evitarem tanto o excesso quanto a moderação imprópria em seu comportamento. Bons muçulmanos devem, pois, evitar todo comportamento ilícito e censurável, como o que é motivado por ira, ganância e amor às posses materiais. Em vez disso, e capacitados pela adesão à lei xariá referente a alimentos, higiene, sono, preces e outros, os muçulmanos deveriam abraçar virtudes como o amor (a Deus e aos outros homens por meio de Deus), temperança, sabedoria e justiça. Dessa forma, seria possível que eles alcançassem o devido estado que favoreceria uma relação apropriada com Deus.

Al-Ghazali foi capaz de mostrar que as restrições e práticas do Islã não eram meras exigências arbitrárias, mas que tinham sentido e propósito. Ele também causou uma mudança fundamental na natureza do pensamento islâmico, minando o papel da especulação filosófica. Talvez seja demasiado forte afirmar que Al-Ghazali renovou a religião islâmica, como às vezes se sugere, todavia sua influência, com certeza, foi sentida profundamente por toda a Idade Média e mesmo nos tempos modernos.

O Defensor da Filosofia

Ibn Rushd

Ibn Rushd, também conhecido pela versão latina de seu nome como Averrões, despendeu a maior parte de sua vida na luta em ações de retaguarda contra a pressão para excluir a filosofia da ortodoxia islâmica. Rejeitou o ponto de vista, comum na época, de que a especulação filosófica sobre assuntos de religião é irreligiosa, e, ao contrário, afirmou que era ordenada por Deus.

Nascimento: Em 1126, em Córdoba, Espanha.
Importância: Insistiu em que a filosofia era compatível com o Islã.
Falecimento: Em 1198, em Marrakesh, Marrocos.

Além disso, Rushd negou que as conclusões de filósofos tendem a contrariar as Escrituras. Insistiu em ser um entendimento antigo de muçulmanos que o Corão pode ter, sim, mais de uma interpretação. Sua defesa do raciocínio filosófico contra seus críticos tem, provavelmente, o melhor exemplo na sua obra do século XII, *A Incoerência da Incoerência* (*Tuhafut al-Tuhafut*), uma réplica ao livro de Al-Ghazali, *A Incoerência dos Filósofos*. Al-Ghazali pretendeu demonstrar que as teorias de filósofos como Ibn Sina (Avicena) tanto foram incoerentes em seus termos como também antiislâmicos. Ele atacou, por exemplo, a concepção de que o mundo era eterno, com base no fato de que o Corão está cheio de referências sobre sua criação, e que, na proporção em que Deus atua como agente, é perfeitamente razoável supor que ele foi capaz de criar um mundo *ex nihilo* (a partir do nada), para depois destruí-lo, se assim o decidir.

A crítica de Ibn Rushd à concepção de Al-Ghazali sobre a agência divina indica o tipo de métodos que empregou. Ele afirmou que Al-Ghazali cometeu o erro de admitir que Deus, como nós, é um agente temporal. Se decidirmos fazer algo, podemos protelar nossos atos, se assim o desejarmos, ou então levá-los adiante, sempre podendo fazer uma pausa antes de continuar. Deus não age assim. Ele está presente o tempo todo; por isso, não há nada que distinga um tempo do outro ou que lhe permita protelar uma ação.

Além disso, segundo Ibn Rushd, nada há que possa barrar a ação de Deus. Sua natureza é perfeita e imutável; não faz sentido supor que ele pudesse esperar por um momento apropriado antes de criar o mundo. De fato, toda a idéia de que Deus tivesse desejos equivalentes aos humanos é incoerente. Não existe a possibilidade de haver, na natureza de Deus, um tipo de mudança que a vincule à satisfação de desejos.

As especulações filosóficas de Ibn Rushd sobre temas religiosos não eram exclusivamente defensivas. Ele também produziu diversos argumentos em favor da existência de Deus, afirmando que o fato de o Universo servir aos propósitos dos seres humanos e o fato de que todos os seres vivos são modelados com tanta precisão são provas da realidade de Deus. Ele também foi influente em seus escritos sobre assuntos não religiosos. Traduziu as obras de Aristóteles e os comentários que as acompanham, e, dessa forma, reintroduziu Aristóteles no mundo ocidental, o que faz com que seja admirado até hoje. Ainda que, ao final, suas tentativas não fossem bem-sucedidas, ele é festejado com justiça por sua defesa do pensamento filosófico, promovida em face de considerável oposição.

Agência divina: Refere-se à habilidade de Deus para agir, fazer escolhas e, talvez o mais significativo, intervir no mundo de sua criação. A reflexão sobre esses temas ativa discussões complexas. Por exemplo, se Deus é perfeitamente bom, até que ponto pode ser refreado em seus atos?

O Panteísta Sufista

Ibn al-Arabi

Ibn al-Arabi, conhecido como "O Grande Mestre", talvez represente o ápice do pensamento místico do Islã. No entanto, seus escritos estão longe da fácil compreensão e se prestam a uma gama de diferentes interpretações. Isso acontece porque, em parte, há dificuldades de tradução do árabe, mas também porque suas próprias idéias são complexas e, de algum modo, estranhas à sensibilidade moderna.

Nascimento: Em 1164, em Múrcia, Espanha.
Importância: O maior pensador místico sufista.
Falecimento: Em 1240, em Damasco, Síria.

Considere-se, por exemplo, suas convicções a respeito de Deus. É princípio central do islamismo que Deus é eterno, onisciente e onipotente. Ele é imutável e indiferenciável. Mas essa noção conduz a problemas na conceituação da relação de Deus com o mundo do dia-a-dia. Como é possível que Deus venha a conhecer as mudanças no mundo sem efetuar mudanças em si mesmo?

A resposta de Ibn al-Arabi é que o mundo do dia-a-dia é, de certa forma, parte de Deus e é um dos aspectos de sua essência ou unidade. Desse modo Al-Arabi fala de uma "Unicidade de Ser" (*wahdat al-wujud*), afirmando que toda divisão aparente, toda tensão e contradição no mundo são, de fato, uma faceta de uma única realidade. Essa idéia resultou na sua caracterização como sendo um panteísta (alguém que acredita que Deus é tudo). Os estudiosos islâmicos, no entanto, rejeitam esse ponto de vista, alegando que sua idéia é mais sofisticada do que essa caracterização poderia sugerir. O problema está no fato de que essa sofisticação faz com que a convicção exata de Al-Arabi seja muito difícil de entender. Assim se lê, por exemplo, a tentativa de seu tradutor, R. W. J. Austin:

> "O que ele expressa acerca da relação entre o cosmos e Deus é que o cosmos não é e não pode ser diferente de Deus, não que ele seja Deus ou que Deus se identifique com o cosmos. Sua doutrina da "Unicidade de Ser" (...) significa que a única e

À esquerda: Al-Arabi acreditava que Deus era onipresente e que o mundo do dia-a-dia fazia parte de Deus. Entretanto, Deus é alguém separado do nosso mundo e por isso permanece inalterado, ainda que o mundo sofra mudanças.

inteira realidade é muito mais que a soma de suas partes ou facetas, e que, embora as coisas possam ter aspecto próprio, do ponto de vista da diferenciação dos seres ou de suas percepções, todo ser nada mais é que o seu ser...".

Nem todas as suas idéias são tão opacas quanto essas. Ele fala, por exemplo, dos vários caminhos para o verdadeiro conhecimento, em termos que estão dentro dos padrões da tradição mística. Afirma que existem três níveis de conhecimento, a saber, em linguagem simples: o conhecimento baseado na razão, o conhecimento empírico e o conhecimento divino. Os dois primeiros estão subordinados ao terceiro tipo e, de certo modo, nele contidos. Al-Arabi, no entanto, não acreditava que os humanos pudessem efetivamente alcançar o conhecimento divino. Ao contrário, esse conhecimento seria revelado apenas aos que foram iniciados para a sua recepção.

Uma avaliação da importância de Ibn al-Arabi é difícil, em virtude do fato de sua obra ainda ter de ser exaustivamente estudada. Mas não há dúvida sobre a influência que exerceu. É considerado como tendo sido provavelmente o maior expoente do misticismo sufista. Para alguns, essa condição faz dele um apóstata, a cujos ensinamentos é preciso resistir. Para outros, ele é visto como um visionário, cuja memória deve ser honrada.

Monoteísmo

Monoteísmo é a doutrina religiosa que defende a existência de apenas um Deus ou que Deus é uma unidade. O Deus do monoteísmo é inteiramente separado do resto da realidade. Em certo sentido, o monoteísmo afirma existirem duas realidades fundamentais: Deus e todo o resto.

As grandes religiões monoteístas do mundo — judaísmo, cristianismo e islamismo — são todas comprometidas com a idéia de um Deus criador:

> "No princípio Deus criou os céus e a terra. A terra, porém, era sem forma e vazia. Trevas cobriam a face do abismo, e o Espírito de Deus pairava sobre as águas." (Gênesis 1:1–2)

O Deus do monoteísmo não apenas cria e depois desaparece. Ele tem um envolvimento constante com sua criação, sustentando-a por meio de sua vontade divina. É um Deus pessoal, que demonstra interesse pelas vidas dos seres humanos. Ele é a fonte da moldura ética segundo a qual eles deveriam viver e tem o poder de conceder (ou não) vida eterna a todas as pessoas por ele criadas.

O monoteísmo propõe um zelo acirrado. Por isso, os Dez Mandamentos, por exemplo, começam com uma afirmação da proeminência de Javé:

> "E Deus falou todas essas palavras: 'Eu sou o Senhor teu Deus, que te tirei do Egito, da terra da servidão. Não terás outros deuses diante de mim'."(Êxodo 20:1–3)

Embora Javé não exclua aqui, de forma explícita, a existência de deuses menores, ele não deixa os israelitas em dúvida quanto ao fato de que Ele é a única realidade divina.

A religião que promove o monoteísmo ao máximo é o islamismo. Um dos cinco pilares do Islã, a rigor o mais importante, assegura que "não há ninguém digno de ser adorado a não ser Alá (Deus), e que Maomé é seu último mensageiro". Essa afirmação depende, no entanto, de uma interpretação cuidadosa. Muitos muçulmanos consideram o cristianismo uma religião politeísta (que adota muitos deuses), pois defende a noção da Trindade (Pai, Filho e Espírito Santo). Ser acusado de politeísta é, para o muçulmano, a acusação do pior tipo de apostasia (renúncia de uma religião ou crença). De fato, segundo os wahhabis, que dominam a Arábia Saudita, isso pode causar a perda do direito à vida e/ou o confisco da propriedade.

Observam-se muitas complicações associadas ao monoteísmo. A mais intrincada delas é, talvez, a que se refere ao chamado "problema do mal". Tem a ver com a forma de conciliar a onipotência, a onisciência e a total benevolência de Deus com a existência do mal no mundo. Se Deus é o único criador do mundo, de onde se origina o mal? Não há resposta completamente satisfatória a essa questão – ela tem atribulado os teólogos por mais de um milênio. Uma resposta, no entanto, é defender a existência de uma entidade que tem poderes sobrenaturais a serem empregados para propósitos nefastos, como, por exemplo, a existência de Arimã, no zoroastrismo, e Satanás, na tradição cristã. Mas isso não deixa claro se serve como solução para o problema do mal, e se, ao mesmo tempo, permite a uma religião permanecer propriamente monoteísta.

O Tradicionalista

Ibn Taymiyya

A insistência de Ibn Taymiyya na interpretação literal do Corão influenciou muitos muçulmanos, tanto em sua época como também depois. Ele se insurgiu contra tudo que se desviava do que entendia ser o significado original e verdadeiro do Islã, como pregado e praticado por Maomé, por seus contemporâneos e pelas três primeiras gerações de muçulmanos.

Nascimento: Em 1263, em Harã, Turquia.
Importância: Criticou textos filosóficos e místicos por sua discrepância com os princípios fundamentais do Islã.
Falecimento: Em 1328, em Damasco, Síria.

Taymiyya sentia-se muito seguro do que lhe desagradava: os mongóis, os sufistas, a maioria dos santuários religiosos, os xiitas, as interpretações metafóricas do Corão. Sustentava que a revelação divina é a única fonte apropriada de conhecimento sobre Deus e seus planos para o mundo. A razão humana necessariamente desempenha um papel secundário para o correto entendimento do Corão e dos ensinamentos da Suna (as palavras e atos de Maomé, como expostos no Hadith). Essa visão levou-o a criticar pensadores islâmicos como Ibn Sina, que empregou métodos filosóficos para examinar questões religiosas. Taymiyya insistiu, por exemplo, em que é possível conhecer os atributos de Deus sem a necessidade de se envolver em especulações filosóficas. Entendia que Deus deve ser descrito "como ele tem descrito a si mesmo em seu Livro e como o Profeta o descreveu na *Suna*". Conclui-se daí que, se o Corão afirma que Deus está sentado num trono, é aí que ele se assenta.

As críticas de Taymiyya não se restringiram às pessoas que se dedicavam à filosofia. Usou palavras severas também para os que se inclinavam ao misticismo e ao sufismo em geral. Entendia que o sufismo representava uma tendência muito mais perigosa que qualquer conclusão das obras dos filósofos. Seu argumento, neste caso, conflitava com a sua discussão a respeito da intuição filosófica. As pessoas envolvidas com o misticismo são seduzidas pelo poder de fortes emoções. Tendem a supor que a sua experiência em estados emocionais é genuína e verdadeira, enquanto, na verdade, não é confiável, precisamente porque é um produto da emoção, e não de revelação. Sua mensagem, neste ponto, repete que apenas pelo Corão e pela *Suna* as pessoas chegam a conhecer a verdade sobre Deus e suas responsabilidades para com ele.

Com certa ironia, foi justamente o literalismo corânico de Taymiyya que lhe proporcionou problemas de heresia. Ele foi acusado do pecado de antropomorfismo, o que significa crer, por exemplo, que as mãos, os pés e a face de Deus são seus atributos literais, na forma humana. Foi preso diversas vezes por suas idéias heterodoxas e provocativas e, ao final, morreu na prisão, alegadamente porque não podia estar sem seus livros.

> "Se o Corão atribui um trono a Alá (...), sabe-se então que esse trono, com respeito a Alá, é como um assento elevado em relação a outros diante de Alá. Isso torna necessariamente verdadeiro o fato de que Ele está no alto do trono."
> Taymiyya, *Maqalat*

Embora as idéias de Taymiyya fossem desagradáveis às autoridades religiosas de seu tempo, ele teve uma grande aceitação no âmbito popular. Transmitiu também uma herança significativa a seus sucessores. Suas idéias influenciaram Abd al-Wahhab, o grande pregador do reavivamento muçulmano no século XVIII, cuja postura, por seu turno, tem influenciado o ressurgimento do fundamentalismo islâmico atual.

O Campeão da Pureza Islâmica

Muhammad al-Wahhab

Muhammad al-Wahhab, fundador do movimento wahhabi, acreditava que o Islã de seus dias tinha se corrompido por influências externas. Seus ensinamentos se direcionaram à purificação do Islã. Ele procurou fazer com que a comunidade islâmica retornasse ao que considerava serem os princípios originais do Islã e purgasse quaisquer mudanças introduzidas por inovações (*bida*).

Nascimento: Em 1703, em Uyaynah, Arábia Saudita.
Importância: Fundador do wahhabismo, a forma predominante do Islã na Arábia Saudita.
Falecimento: Em 1792, em Diriyah, Arábia Saudita.

Al-Wahhab compartilhou a visão de Taymiyya sobre uma interpretação literal do Corão e também a sua postura na condenação de crenças e práticas que pudessem ser interpretadas como politeístas. Ele se absteve, por exemplo, da veneração de santos e profetas, afirmando que a peregrinação a seus sepulcros era inadequada, condenando até mesmo a celebração do aniversário de Maomé.

A influência de Taymiyya é clara e perceptível também nas posições de Al-Wahhab a respeito dos muçulmanos que não aceitavam sua interpretação rigorosa do Islã. Al-Wahhab afirmou que esses muçulmanos eram politeístas e que, por isso, não seguiam a fé verdadeira. A atitude intransigente de Al-Wahhab em relação ao que considerava como práticas religiosas fora de padrão fez com que ele fosse particularmente intolerante para com o sufismo, o qual apontava como gerador de muitas práticas politeístas.

Não seria correto, no entanto, caracterizar Al-Wahhab como reacionário. Embora fosse severo com relação ao em que consistia a fé islâmica apropriada, há também um sentido no qual ele foi um reformador do islamismo. Insistiu em que muçulmanos não deviam seguir cegamente líderes religiosos, mas, antes, interpretar o Corão e o Hadith por conta própria. Essa injunção emana naturalmente de sua convicção de que os fundamentos do Islã devem ser encontrados nas palavras e nos atos de Maomé.

A doutrina de Al-Wahhab inicialmente não atraiu muitos adeptos. Isso mudou após ter forjado um pacto com Muhammad ibn Saud, chefe de uma tribo árabe. O resultado foi que Al-Wahhab desempenhou um importante papel na formação e no desenvolvimento do reino da Arábia Saudita. Até hoje os *grandes muftis* do país (o mais alto oficial da lei religiosa num país de muçulmanos sunitas) são indicados dentre os descendentes de Al-Wahhab.

O wahhabismo impõe consideráveis exigências a seus adeptos. Em sua forma atual, isso inclui os seguintes pontos na lista de práticas consideradas opostas ao Islã: fotografar e retratar pessoas; ouvir música e assistir à televisão; portar amuletos; celebrar as festas anuais dos santos do sufismo; praticar magia; e orar a qualquer pessoa ou coisa que não seja Deus.

O wahhabismo foi submetido a rigorosos testes nos últimos anos, particularmente após a ascensão do Talibã (os quais dizem ser inspirados em sua doutrina, embora não sejam eles próprios wahhabistas), no Afeganistão. Entre os muçulmanos, as opiniões se dividem com relação a Al-Wahhab. Ele é considerado por muitos como um erudito piedoso, ainda que se acredite que sua interpretação do Islã seja altamente impositiva. Para outros muçulmanos, suas idéias são excessivamente radicais. Seu próprio irmão criticou sua visão de que até mesmo muçulmanos que seguissem os cinco pilares do Islã poderiam ser considerados infiéis, se não aderissem às restritas doutrinas wahhabistas.

> **Jihad:** Um termo contestado dentro do Islã, que significa literalmente "luta", mas que, de forma variada, se refere a uma luta interior para se atingir pureza espiritual; ou à luta para mobilizar a comunidade muçulmana a serviço do Islã; ou, ainda, a uma "guerra santa", travada para defender ou propagar o islamismo.

O Poeta Filósofo

Muhammad Iqbal

Muhammad Iqbal, um dos grandes poetas islâmicos, talvez seja, hoje, mais conhecido por seu desempenho político. Foi um defensor entusiasta da idéia de uma comunidade islâmica mundial, uma Nova Meca, na qual todos os muçulmanos – na verdade, todos os povos – estariam unidos, livres de divisões de raça, nacionalidade e casta. Mais tarde, em sua carreira, tornou-se conhecido e famoso por pregar a fundação de um Estado muçulmano independente, que seria estabelecido no noroeste da Índia, embora houvesse se oposto à idéia anteriormente.

Nascimento: Em 1877, em Sialkot, Índia.
Importância: O mais famoso pensador muçulmano do século XX.
Falecimento: Em 1938, em Lahore, Índia.

Iqbal insistia em que o Islã, por sua própria natureza, é uma religião vinculada à ordem social. Portanto, é impossível que uma comunidade muçulmana exista de forma harmoniosa numa sociedade que não se fundamente sobre os princípios islâmicos. Particularmente, isso quer dizer que, se o sistema de governo é secular, inevitavelmente enfraquecerá as estruturas que unem os muçulmanos, uns aos outros e à sua fé. Uma das críticas que às vezes se levantam contra o pensador é que essas idéias, necessariamente, promovem um separatismo de trincheiras incômodas. Iqbal, no entanto, nega tal fato, afirmando que:

> "Todos os homens, e não apenas muçulmanos, se destinam ao Reino de Deus sobre a terra, desde que despeçam seus ídolos de raça e nacionalidade e tratem uns aos outros como pessoas (...) meu objetivo é simplesmente descobrir uma reconstrução social de todo o universo."

O pleito de Iqbal por uma ordem política e social

especificamente islâmica é intrigante, visto que seus escritos filosóficos parecem, à primeira vista, distantes desse tipo de objetivo. O foco central é o próprio "eu" e a insistência em que o propósito da vida é desenvolver e aperfeiçoar o "eu" por sua dedicação à vontade de Deus. Isso foi alcançado em seu máximo efeito pelo profeta Maomé, que ofereceu um modelo para o restante da humanidade.

Iqbal enfatizou que os seres humanos precisam buscar ativamente sua liberdade e imortalidade. Desfrutamos um grau elevado como "vice-gerentes de Deus", mas nessa posição nos obrigamos a fazer a sua vontade. O muçulmano convicto precisa assumir a responsabilidade pelo mundo, como ditado no Corão, e procurar criar a sociedade islâmica ideal. A realização pessoal como expressão de liberdade está intimamente ligada a um envolvimento com a comunidade islâmica mais abrangente. Esse fator traz a política ao centro das atenções.

Embora Iqbal não tenha vivido para ver a independência do Paquistão, em 1947, é festejado como seu pai espiritual. No Paquistão comemora-se o Dia de Iqbal. Ele também desfruta a fama de poeta e filósofo da mais alta qualidade. Admite-se, geralmente, que ele tenha sido o pensador muçulmano de mais destaque do século XX.

> "A política tem sua origem na vida espiritual do homem. Estou convencido de que o islamismo não é assunto de opinião particular. É uma sociedade ou, pode-se afirmar, uma igreja cívica. É porque os ideais políticos de hoje (...) poderão afetar sua estrutura e caráter originais, que eu sinto interesse pela política."
>
> *Pensamentos e Reflexões de Iqba*

O Fundamentalista Islâmico

Sayyid Qutb

Sayyid Qutb talvez seja o mais influente pensador do islamismo radical do século XX. O tipo de fundamentalismo islâmico que pregou, embora extremamente contencioso e, na verdade, amplamente rejeitado no mundo muçulmano, tem sido usado para justificar o emprego de violência em nome do Islã. De fato, muitos acreditam que as idéias de Qutb desempenharam um papel importante no surgimento da Al-Qaeda.

Nascimento: Em 1906, em Musha, Egito.
Importância: Procurou restabelecer o califado islâmico, se necessário, pelo uso de violência.
Falecimento: Em 1966, no Cairo, Egito.

Em seus escritos, na metade do século XX, Qutb afirmava que a humanidade atingira um ponto de crise. Uma visão de mundo secular havia levado as pessoas a ver Deus e a religião como que divorciados da vida diária. O receio de Qutb era o de que essa visão secular, já propagada de forma incontrolável no Ocidente, viesse a dominar o mundo muçulmano. Preocupava-se, por exemplo, principalmente com o governo de Kemal Ataturk, na Turquia, pois esse dava mostras do crescimento de idéias seculares num país que já fora muçulmano.

Segundo Qutb, o Islã é mais do que uma fé. Compreende, na verdade, um sistema de leis, de governo e de moralidade abrangente a tudo. Mas a aplicação fragmentada e parcial da lei xariá levara o mundo muçulmano de volta ao estado de ignorância ateísta (*jahiliyya*) da época pré-islâmica. Essa situação somente poderia ser revertida com a criação de uma vanguarda de verdadeiros muçulmanos, que se propusessem a ressuscitar o califado e a estabelecer uma sociedade baseada na lei xariá. Qutb afirmava que esse movimento de vanguarda precisava separar-se da influência corruptora da sociedade contemporânea. Uma comunidade islâmica que se mantivesse fiel à lei do Islã poderia se estabelecer apenas a partir de um mecanismo de separação por migração (hégira).

Qutb defendia a idéia de que uma vanguarda muçulmana

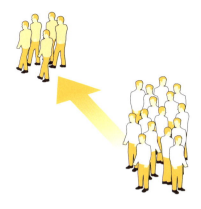

À esquerda: Qutb também acreditava que os muçulmanos deveriam se afastar de uma sociedade crescentemente secular, para poderem permanecer puros e fiéis a Alá.

deveria lutar contra a j*ahiliyya* em duas frentes. Em primeiro lugar, pelo simples mecanismo da pregação da verdade do islamismo. Em segundo lugar, e de forma mais controvertida, pelo emprego da "força física e da guerra santa (*jihad*)". Ele não achava que seria fácil restaurar uma comunidade islâmica autêntica. Ao contrário, falava de luta, sacrifícios e martírio. Exaltou aqueles muçulmanos que se dispunham a sacrificar-se pelo Islã. Ensinava que "os que põem em risco suas vidas e vão à luta, dispondo-se a entregar a vida pela causa de Deus, são pessoas honradas, puras de coração e de alma abençoada".

Qutb entendia que uma sociedade baseada na lei xariá não seria primitiva ou bruta. É bem verdade que a xariá justifica penas que, no Ocidente, são consideradas brutais, como a amputação por roubo. No entanto, contrastando com sociedades não praticantes da xariá, que obrigam as pessoas a cultuar seus líderes humanos, uma sociedade organizada segundo os preceitos do Islã requer apenas que a pessoa submeta a Deus a direção de sua vida. Não surpreende o fato de que as idéias de Qutb fossem criticadas tanto por eruditos ocidentais como pelos do próprio Islã. As principais correntes muçulmanas rejeitam a idéia de que a "força física e jihad" possam ser utilizadas de modo legítimo para destruir as instituições da *jahiliyya*.

O Revolucionário Islâmico

Aiatolá Khomeini

Um dos mais decisivos acontecimentos que marcaram o século XX ocorreu em fevereiro de 1979, quando o Aiatolá Khomeini, um clérigo xiita já idoso, retornou ao Irã depois de 15 anos de exílio, para instituir no país uma república islâmica.

Nascimento: Em 1902, em Khomein, Irã.
Importância: Líder supremo da revolução islâmica no Irã.
Falecimento: Em 1989, em Teerã, Irã.

Naquele ano de 1979, os fatos sucedidos no Irã surpreenderam o mundo. O projeto de Khomeini para um governo islâmico, no entanto, havia sido lançado numa série de palestras que foram publicadas, em 1971, como *Vilayat-e-Faqih: Hokumat-e Islami* (Governo Islâmico sob a Proteção do Jurista). Nessas palestras, ele afirmava que o Irã não deveria ser uma monarquia, mas uma república islâmica. A república seria dirigida por um jurista islâmico (*faqih*) a ser escolhido pelo clero, e suas leis seriam baseadas na lei xariá.

As idéias de Khomeini sobre um governo islâmico eram revolucionárias. A visão ortodoxa dos muçulmanos xiitas havia sido a seguinte: até que o Imã Oculto retornasse à Terra para estabelecer um reino de justiça divina, a responsabilidade pelos assuntos políticos ficariam a cargo de um Estado amplamente secular (embora, em algumas versões dessa doutrina, um papel de maior ou menor importância ficava reservado a juristas islâmicos).

Khomeini rejeitou essa versão, argumentando que Deus não teria dado à humanidade o Corão e as regras específicas de vida que ele contém se não tivesse tido a intenção de vê-las observadas. Além disso, afirmou ser evidente que tanto Maomé como Imã Ali haviam pretendido que a lei xariá fosse imposta pelos juristas mais eruditos até a volta do Imã Oculto. A necessidade de se estabelecer um Estado islâmico era urgente, pois os seres humanos, entregues aos seus próprios caprichos, não conseguiriam levar uma vida como bons muçulmanos.

Em termos políticos, Khomeini foi muito bem-sucedido a curto prazo. A Constituição do Irã, que concede ao supremo líder do país poder quase absoluto, foi implantada em dezembro de 1979, com base em referendo popular. A lei xariá foi introduzida por Khomeini e rigorosamente aplicada nos primeiros anos da revolução.

As idéias de Khomeini, no entanto, não têm sido aceitas universalmente, nem mesmo entre a comunidade xiita. O Grande Aiatolá Kho'i, por exemplo, um dos críticos mais ferrenhos de Khomeini, apontou duas razões principais que se opõem à teoria da *vilayat-e-faqih*. Em primeiro lugar, ele argumentou que a autoridade dos *fuqaha* – juristas islâmicos que determinam como a xariá deve ser interpretada e aplicada a circunstâncias específicas – não poderia ser estendida à esfera política por mero decreto humano. Em segundo, Kho'i rejeitou a disposição de que a autoridade dos juristas islâmicos ficasse restrita a apenas um ou a poucos deles.

> "O ser humano é metade anjo, metade demônio. A parte do demônio é sempre mais forte que a parte do anjo. É por isso que a sociedade deveria organizar-se para combatê-la por meio de leis e punições adequadas."
>
> Khomeini, *Explicação de Assuntos*

Ainda é cedo para se avaliar a durabilidade da influência das idéias de Khomeini sobre a governança islâmica. Mas, certamente, não é possível entender o cenário político da atualidade sem se levar em conta seu papel no estabelecimento do Irã como o primeiro Estado islâmico do mundo.

Movimentos Judaicos

O judaísmo é uma religião composta por movimentos e tendências que interagem de muitas maneiras e de formas bastante complexas. É uma situação de engajamento, e não de separação, que distingue o judaísmo das outras religiões abraâmicas, o cristianismo e o islamismo. Outra diferença, neste ponto, é a de que o judaísmo se caracteriza por diversas divisões étnicas, em especial entre as comunidades asquenazi, sefarditas e mizrahi (ou orientais, ou mizrahim).

O melhor ponto de partida para se ter uma idéia dos vários movimentos do judaísmo é, talvez, considerar o impacto do Iluminismo do século XVIII – que enfatizou o poder do pensamento racional, dos valores universais e do progresso científico – sobre os asquenazi, ou, de modo mais abrangente, sobre os judeus na Europa. Houve, na verdade, um Iluminismo específico do judaísmo, ou movimento *Haskalá*, que visava a uma integração crescente dos judeus na sociedade secular européia. De modo especial, os judeus foram encorajados a adotar o racionalismo do Iluminismo para estudar matérias seculares e aprender idiomas europeus, além do hebraico.

Seu análogo religioso foi o movimento de Reforma judaica, que surgiu na Alemanha no início do século XIX e que continua até hoje, em suas diferentes facetas. O judaísmo, em sua primeira reforma, negou que a Torá (lei mosaica) era de autoria divina e rejeitou muitas das leis judaicas tradicionais. Substituiu os livros de oração hebraicos por versões alemãs, abandonou a prática do *Kashrut* e aboliu a circuncisão. Ainda que a reforma do judaísmo tenha origem na Alemanha, alcançou grande sucesso nos Estados Unidos, na década de 1840, onde se constitui, até hoje, o maior agrupamento judaico, embora adote uma forma modificada.

O movimento que talvez contraste mais obviamente com o judaísmo reformado é o judaísmo ortodoxo. O termo "ortodoxo", a rigor, foi usado inicialmente pelos reformadores para rotular seus adversários tradicionalistas. Hoje o judaísmo ortodoxo, que predomina em Israel, defende que a *Torá* e o *Talmude* são desprovidos de erros e que, portanto, devem ser considerados como a base apropriada para o cumprimento religioso. Na prática, isso significa, entre outras coisas, estrita observância do *Sabbath* e de festivais religiosos, culto diário, *Kashrut*, orações e cerimônias em sua forma tradicional, e a separação de homens e mulheres na sinagoga.

O judaísmo ortodoxo, no entanto, não é de maneira alguma uniforme. Existem diferenças, por exemplo, na amplitude do engajamento com a sociedade civil, com a importância dada ao estudo da Torá e o alcance de sua aplicação, com os papéis respectivos de homens e mulheres, e assim por diante. Além disso, a extensão em que aquelas pessoas, que formalmente pertencem à ortodoxia, cumprem as restrições impostas varia enormemente. No Reino Unido, por exemplo, evidencia-se que a maioria de seus membros tem uma inclinação religiosa menor do que a posição oficial parece sugerir.

O judaísmo reformado e o ortodoxo não são, de forma alguma, os únicos movimentos ou tendências judaicas. Entre os demais se incluem o Judaísmo Conservador ou Masorti, Judaísmo Reconstrucionista, Hassidismo, Renovação Judaica e Judaísmo Humanístico. Variam no liberalismo de suas posições teológicas e no rigor de sua interpretação da lei judaica. Seria um equívoco, no entanto, supor que uma posição teológica liberal signifique necessariamente um afrouxamento na abordagem da lei judaica. A fé judaica é complexa – como se evidencia pelas diferenças sutis entre e dentro de seus vários movimentos e tendências, o que faz do assunto uma questão aberta.

O Líder dos Judeus

Moisés

Moisés talvez seja a mais importante figura na história do judaísmo. Nasceu em uma época em que o povo hebreu vivia sob o jugo do poder do Egito. Segundo a tradição, aos 80 anos de vida, encontrou Deus (Javé, em hebraico) numa sarça ardente, e recebeu a incumbência de libertar os hebreus da escravidão. Ele conseguiu realizar o feito, após o Egito sofrer dez pragas na mão de Javé, e depois que o mar Vermelho se abriu, permitindo a passagem de Moisés e do povo hebreu.

Nascimento: Século XIV a.C., no Egito.
Importância: O mais importante profeta e líder dos judeus.
Falecimento: Século XIII a.C., em Moabe, Jordânia.

O destino imediato foi a península do Sinai. Foi aí que Moisés subiu ao monte Sinai, onde se diz que ele passou 40 dias e 40 noites com Javé, antes de descer portando duas tábuas, nas quais estavam inscritos os Dez Mandamentos, que representavam uma aliança entre Javé e os hebreus, chamada Decálogo.

A aliança foi firmada com base no compromisso dos hebreus com o Deus que os havia favorecido. Javé libertou os israelitas da tirania do poder do Egito; os hebreus, por sua vez, deviam jurar fidelidade a ele. Desse modo, o Decálogo inicia com uma afirmação da proeminência de Javé:

"Não terás outros deuses diante de mim."

No entender do mundo ocidental de hoje, nada há de tão especial nestas palavras. Mas no tempo em que a norma era o politeísmo, elas são, na verdade, uma declaração de monoteísmo, estabelecendo o judaísmo como religião de um só Deus. Isso se reafirma nas prescrições que proibiam aos israelitas criar representações de Javé ou proferir o seu nome em vão.

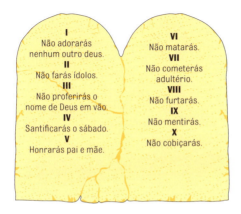

Acima: Moisés recebeu o Decálogo, ou os Dez Mandamentos, de Deus.

O Decálogo também contém vários mandamentos próprios para se construir uma comunidade estável e segura. Moisés sabia que, se essas regras não fossem apoiadas em um sistema de reparação, não funcionariam adequadamente. Para esse fim, ele construiu um tabernáculo e instituiu o sacerdócio, para que seus membros pudessem conduzir rituais de reconciliação. Foi sobre essa base que se estabeleceu a religião hebraica em seu sentido próprio.

A importância de Moisés na fé judaica não pode ser minimizada. De fato, segundo a tradição judaica, ele foi o autor do *Pentateuco*, que lhe foi ditado diretamente por Javé. Embora se acredite hoje que o *Pentateuco* tenha sido obra de mais de um autor, ainda assim, Moisés é considerado como a pessoa que trouxe a *Torá* a Israel, e, por isso, é o intercessor original entre Deus e os hebreus.

Judaísmo

O Sábio Judeu

Hillel, o Ancião

Hillel, o Ancião, um sábio judeu, contemporâneo do rei Herodes, foi responsável pelo estabelecimento de regras precisas para a análise das Escrituras – as Sete Regras de Hillel –, que influenciaram as pesquisas por muitos séculos.

Nascimento: Cerca de 60 a.C., na Babilônia.
Importância: Estabeleceu regras precisas para a análise das Escrituras.
Falecimento: Cerca de 10 d.C., em Jerusalém.

Hillel é lembrado como homem de paz, amigo de todos, mestre comprometido e diligente, estudioso apaixonado das Escrituras judaicas e homem de grande paciência e moderação. Embora seja possível que a História tenha exagerado em relação às suas qualidades pessoais, sabe-se, no entanto, que Hillel valorizava nas outras pessoas, e no judaísmo de modo geral, exatamente aquelas características que se diz que ele possuía.

Hillel considerava ser o amor fraternal a verdade central da religião judaica. Essa "Regra Áurea", que exorta a pessoa a tratar as outras como ela mesma gostaria de ser tratada, encontra-se na maioria das grandes religiões e no pensamento moderno sobre ética.

A sensibilidade religiosa de Hillel, no entanto, não se esgota com a prescrição do amor a ser dedicado ao próximo. Também foi um defensor ferrenho da importância do estudo das Escrituras e da Lei. Conta-se que ele estava um dia em Jerusalém, abordando as pessoas que se dirigiam ao trabalho, e perguntava a elas quanto ganhavam. Quando elas lhe respondiam, sugeria que elas ganhariam mais se estudassem a

> "Aquilo que é detestável a você, não o faça a seu próximo. Esta é toda a *Torá*; o resto é comentário, é explanação; vá, e estude-a."

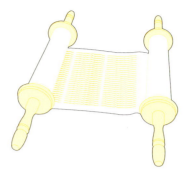

À esquerda: Hillel era apaixonado pela *Torá*. Suas Sete Regras formularam instruções para o estudo das Escrituras e influenciaram as pesquisas por muitos séculos.

Torá, pois dessa maneira possuiriam tudo de que precisavam para esta vida e a próxima.

Embora fosse apaixonado pela Torá, não restringiu sua interpretação. Contrastando com seu contemporâneo e rival Shammai, Hillel advogava uma interpretação liberal. Isso o habilitou a adequar suas regras às condições socioeconômicas da época. Como exemplo, apesar de existir uma lei contrária que se baseava na interpretação bíblica, ele aplicou a *Prozbul*, uma injunção legal que assegurava aos credores que eles receberiam a devolução de seus empréstimos, afastando o temor de que o dinheiro emprestado aos pobres pudesse não retornar.

Os princípios exegéticos diferentes que Hillel e Shammai haviam empregado foram defendidos, após a morte de ambos, por seus seguidores na *Beit Hillel* (Casa de Hillel) e *Beit Shammai* (Casa de Shammai). O *Talmude* registra mais de 300 diferenças de opinião entre as duas casas. Com pouquíssimas exceções, os pareceres da Casa de Hillel foram estabelecidos como norma legal.

A influência de Hillel na vida judaica foi profunda. Os líderes judeus na Palestina até o século V eram seus descendentes, e até hoje algumas das histórias mais populares do folclore judaico referem-se a Hillel, em especial as suas relações com o rival Shammai.

Judaísmo

O Judeu Helenista

Fílon de Alexandria

Segundo Fílon de Alexandria, a finalidade da vida humana é chegar ao conhecimento "do verdadeiro Deus vivo, que é o primeiro e mais perfeito de tudo o que é bom; de quem, como de uma fonte, todas as bênçãos individuais são derramadas sobre o mundo e sobre as coisas e pessoas que nele se encontram".

Nascimento: Em 10-15 a.C., em Alexandria.
Importância: O mais destacado expoente do judaísmo helenístico.
Falecimento: Em 45-50 d.C., em Alexandria.

Na filosofia de Fílon, no entanto, a tarefa de conhecer Deus está longe de ser direta. O problema é que, enquanto é possível saber que Deus existe pela reflexão sobre o mundo natural e pelo poder da razão, o conhecimento de sua essência situa-se além da capacidade dos seres humanos. Ele afirmava que Deus é completamente transcendente; não existe no tempo nem no espaço. Não possui atributos, estando, por isso, além de nossa percepção. É inalterável, eterno e imutável. Fílon referia-se às palavras do próprio Deus a Moisés no livro do Êxodo, capítulo 3, versículo 14, para comunicar o sentido dessa idéia: "Eu sou o que sou".

Embora Fílon acreditasse que Deus esteja, em certo sentido, completamente separado das pessoas e do mundo, também cogitava, de forma um tanto paradoxal, que Deus estava conectado ao mundo, tanto como seu criador, quanto como seu mantenedor. Para ajustar esse círculo aparente, empregou uma noção que chamou de *Logos*. Não revela com clareza, no entanto, o que essa noção abrange. Muitos comentaristas das obras de Fílon sugerem que ele não era consistente na maneira de utilizar esse conceito. A melhor maneira de pensar nisso, talvez, seja como esse aspecto da divindade – imanente no mundo e, ainda assim, transcendente dele –, que o torna acessível ao pensamento humano.

Existe um elemento de misticismo na forma de Fílon tratar os mecanismos exatos pelos quais os seres humanos entram em contato com o *Logos*. Ele falava de uma "intoxicação sóbria" que caracteriza o estado de ser que uma pessoa adota quando deixa para trás o domínio material para entrar no domínio eterno. De fato, Fílon sugeria, nesse estado, ser possível ter uma percepção direta de Deus como sendo simplesmente um só.

A idéia de que uma percepção de Deus é possível, se o mundo material for rejeitado, surge como indicativo da suspeita generalizada com que Fílon tratava a existência terrena. Extraída do estoicismo, sua idéia da vida eticamente perfeita implicava conquistar as paixões e viver uma vida de acordo com a sabedoria macerada no exercício da razão. Ele imaginava que a conseqüência da falta de ética era uma perda do poder de julgamento racional, uma vez que a pessoa torna-se escrava das próprias paixões, acossada por desejos que nunca são satisfeitos. A virtude, ao contrário, gera atitudes desapaixonadas e de moderação, que dependem da sabedoria divina.

A influência da obra de Fílon de Alexandria não foi tão decisiva. Sua idéia do *Logos* teve um certo impacto no desenvolvimento da teologia cristã. Suas obras, no entanto, permaneceram desconhecidas aos filósofos judeus da Idade Média, e não foram redescobertas até o século XVI. O interesse mais duradouro pelas idéias de Fílon é, talvez, o fato de que elas são uma amostra de que é possível fundir os conceitos da filosofia grega com os temas da religião judaica.

> **Estoicismo:** Escola filosófica que teve origem na Grécia Antiga, enfatizava a importância da racionalidade e moderação em face das emoções, desejos e dificuldades que as pessoas enfrentam na vida diária. Os estóicos enfatizavam quatro virtudes primárias: sabedoria, justiça, coragem e temperança.

Judaísmo

O Historiador

Josefo

As obras de Josefo constituem-se parte das mais abrangentes histórias que possuímos do período greco-romano. Oferecem uma preciosa visão tanto da história do judaísmo da época como do desenvolvimento dos inícios da cristandade.

Nascimento: Em 37 a.C., em Jerusalém.
Importância: Um dos mais importantes historiadores do período greco-romano.
Falecimento: Cerca de 100 d.C., provavelmente em Roma.

Para se entender o significado das obras de Josefo, é necessário saber um pouco das circunstâncias em que foram escritas. Josefo, que nasceu sob o nome de José Ben Matatias, em Jerusalém, no tempo da ocupação romana, serviu como comandante das forças judaicas na Galiléia, durante a Grande Revolta contra Roma, de 66 d.C. a 73 d.C. Depois da vitória dos romanos, ele foi trazido perante seu líder Vespasiano, diante do qual fez uso de um ardiloso truque. Predisse que Vespasiano se tornaria um grande imperador — uma opinião que lhe salvou a vida. Dois anos depois, quando Vespasiano de fato veio a se tornar imperador de Roma, Josefo foi solto, recebeu a cidadania romana, e passou a desfrutar a proteção do imperador.

Essas circunstâncias lhe conferiram uma reputação diversificada. Sua grande obra *A Guerra Judaica* (75-79 d.C.), por exemplo, foi beneficiada pelo acesso que tinha aos arquivos históricos de Roma. Muitas pessoas, no entanto, questionam sua neutralidade. Embora Josefo demonstrasse certa compaixão pelo sofrimento dos "inocentes" judeus de Jerusalém, não obstante afirmou que a responsabilidade pelo derramamento de sangue da Guerra Judaico-Romana era fundamentalmente dos fanáticos judeus, tais como os zelotes, mais do que dos romanos.

Não obstante, por toda a sua vida, Josefo permaneceu interessado na situação e no bem-estar dos judeus. Em sua obra *Contra os Gregos* (93 d.C.), por exemplo, ele defende o judaísmo, afirmando que seus costumes se comparam positivamente aos dos gregos. E em *Antiguidades Judaicas* (93 d.C.), ele tenta explicar a história, as leis e os costumes dos judeus a uma audiência não-judaica. Um dos aspectos mais destacados dessa obra é o de conter a única referência feita por um escritor não-cristão, no primeiro século, sobre a existência de Jesus.

Essa passagem está contida em *Antiguidades Judaicas*, XVIII 3.3:

> "Por esse tempo apareceu Jesus, um homem sábio, se é correto chamá-lo de homem (...) Ele era Cristo. E quando Pilatos, por sugestão dos principais homens de nosso povo, o condenou à cruz, aqueles que o amavam desde o princípio não o abandonaram; pois ele apareceu a eles novamente em vida ao terceiro dia; como os profetas divinos haviam predito esta e dez mil outras maravilhas sobre ele. E a tribo dos cristãos, que receberam esse nome por causa dele, não desapareceu até hoje."

As atitudes dos judeus em relação a Josefo são bastante variáveis. Seus críticos o consideram um traidor da causa judaica, por causa de sua cooperação com os invasores romanos. Questionam sua confiabilidade como historiador e encaram suas obras como propaganda romana ou como uma defesa própria de seus atos na Guerra Judaico-Romana. Outros defendem Josefo, alegando que, no mundo romano de seu tempo, a única maneira realista de progredir era engajar-se nesse tipo de apologética. Não parece possível um consenso sobre a sua reputação apropriada, mas o certo é que Josefo produziu algumas das mais interessantes e importantes obras desse período da História.

Escrituras

Escrituras é o termo coletivo para descrever os textos sagrados das religiões do mundo. Exemplos de Escrituras incluem a *Torá* judaica, o *Novo Testamento* do cristianismo, o *Corão* islâmico, os *Sruti* hindus e os *Analetos* do confucionismo.

Todos esses textos têm algo em comum: são considerados sagrados pelos devotos das religiões de que fazem parte. Na verdade, entre os devotos, acredita-se que as Escrituras muitas vezes contenham a palavra revelada de Deus. Assim, por exemplo, de acordo com a tradição judaica, Javé ditou a *Torá* diretamente a Moisés, o qual simplesmente registrou o que lhe foi dito. De modo semelhante, os muçulmanos acreditam que o *Corão* é a palavra inspirada de Alá, entregue ao profeta Maomé pelo anjo Gabriel.

Há um contraste interessante entre esses dois casos, que expressam algo sobre as várias atitudes que se pode ter em relação às Escrituras. O número de pessoas judias que ainda acreditam que a Torá é obra somente de Moisés não é grande. De fato, é possível encontrar teólogos judeus que negam completamente que a Torá seja a palavra sagrada de Deus. Não há nada equivalente no mundo muçulmano. Faz parte da ortodoxia islâmica a crença de que o Corão é autêntico por si só, precisamente porque é a palavra de Alá conforme comunicada a Maomé. De acordo com teólogos muçulmanos, não existe algo como fundamentalismo islâmico, porque todo muçulmano aceita que o Corão compreende a verdadeira palavra de Alá (embora exista um questionamento sobre o que isso implica e como deve ser identificado).

O exemplo mais interessante da autoridade de um texto sagrado talvez seja o *Guru Granth Sahib*, o livro sagrado da religião sique. Compilado originalmente pelo guru Arjan Dev, o quinto dos gurus siques, compreende as palavras e os cantos sagrados daquela religião.

Foi compilado em sua forma atual pelo guru Gobind Singh, o décimo e último guru, o qual declarou que esse texto, e nenhuma outra pessoa, seria seu sucessor. Desse modo, os siques tratam o *Guru Granth Sahib* como se fosse um guru vivo. O siquismo (fundado no Penjab, Índia, no fim do século XV pelo guru Nanak Dev) é, pois, uma religião sem uma hierarquia sacerdotal. O *Granth* (livro sagrado) está à disposição para qualquer pessoa ler, no interior dos templos siques, como exemplo e reafirmação do comprometimento sique com a igualdade e a universalidade de sua religião.

Não é sempre o caso, no entanto, que a devoção religiosa requeira um comprometimento com a verdade de determinados textos sacros. Existe, por exemplo, uma tendência não-realista no pensamento cristão que defende que Deus tem uma existência simbólica (ou significação cultural), mas apenas isso. De acordo com essa concepção, a *Bíblia* deve ser lida de forma metafórica, e não como se fosse o repositório de verdades literais. Ainda há a possibilidade de as Escrituras não serem sagradas e que também não haja pretensão de serem divinamente inspiradas. Este é o caso dos livros sagrados do taoísmo e do confucionismo, que foram escritos por homens e para homens, além de terem sido considerados como tais na sua origem. No entanto, embora tais livros não sejam a palavra revelada de Deus, eles adquiriram uma condição de sacrossantos através do tempo, e são reverenciados da mesma forma que as Escrituras de outras religiões

Judaísmo

O Filósofo Judeu Medieval

Moisés Maimônides

Moisés Maimônides, o maior filósofo judeu da Idade Média, não teria a menor simpatia com o literalismo bíblico tão em voga atualmente. Ele reconheceu, de fato, que muitas histórias da Bíblia parecem ter um sentido óbvio e direto. No entanto, afirmava que, na realidade, a verdade religiosa é difícil de ser percebida.

Nascimento: Em 1135, em Córdoba, Espanha.
Importância: O líder intelectual do judaísmo medieval.
Falecimento: Em 1204, no Egito.

Considere-se, por exemplo, a tendência bíblica de representar as características de Deus de forma antropomórfica. Maimônides negou que isso deva ser entendido literalmente. Por exemplo: embora na Bíblia haja ocasiões em que Deus foi visto, isso não implica percepções visuais, mas, antes, são consumações intelectuais. De modo similar, quando a Bíblia fala de um profeta que ouve a voz de Deus, isso não indica um fenômeno auditivo, mas uma situação em que o profeta entende os desejos divinos.

A sugestão de que a Bíblia contém verdades que não são imediatamente óbvias levanta a questão de como alguém deva identificá-las. A resposta de Maimônides está em sua grande obra *O Guia do Perplexo* (século XII), na qual afirma que a vontade revelada de Deus sempre estará em harmonia com a razão. Se houver um conflito entre o que a razão nos ensina e o que a Bíblia parece dizer, torna-se necessário rever o texto bíblico, para determinar em que momento o entendemos mal. Dessa forma, Maimônides afirmou que, se tivesse chegado à conclusão de que a visão aristotélica – segundo a qual a matéria é eterna – fosse correta, ele não teria tido dificuldades em consertar sua percepção da versão bíblica da criação do mundo.

O Guia do Perplexo é uma obra difícil e deliberadamente

obscura, pois, na verdade, Maimônides não queria levar as pessoas a questionarem suas crenças, a não ser que fossem suficientemente eruditas para entender as respostas que ele estava propondo. Mas nem tudo de sua obra é tão complexo. Maimônides escreveu, por exemplo, uma série de ensaios sobre alguns dos assuntos filosóficos originados das discussões rabínicas sobre a *Mixná* (coleção das tradições rabínicas). Um desses ensaios apresenta os ensinamentos do judaísmo em *Treze artigos de fé*. São eles: que existe um Deus perfeito e criador; que Ele é uma unidade; que Ele é incorpóreo; que Ele é eterno; que Ele se comunica por meio de profecias; que a profecia de Moisés é prioritária; que apenas Deus deve ser adorado; que a *Torá* é de origem divina; que a *Torá* é imutável; que existe uma providência divina; que há prêmio e recompensa divinos; que haverá um Messias; e que os mortos ressuscitarão. A sugestão de Maimônides de que existe algo como um dogma judaico – um conjunto de leis com força coercitiva – gerou uma controvérsia que não foi resolvida até hoje.

Maimônides é um pensador sofisticado. Por isso, muitas de suas idéias requerem certo grau de competência técnica para serem apreciadas corretamente. Mas é um pensador de considerável reputação. Seus escritos filosóficos conservam seu interesse para uma audiência contemporânea, e, na tradição judaica, ele tem sido proclamado o "segundo Moisés".

> **Torá:** O mais importante documento do judaísmo. A Torá compreende os primeiros cinco livros da *Tanach*, a saber, Gênesis, Êxodo, Levítico, Números e Deuteronômio, escritos em língua hebraica. A palavra "Torá" significa "ensinamento" ou "instrução", e seu texto é considerado o guia principal para a fé judaica.

O Comentarista

Rashi

Rashi, cujo nome é um acrônimo para Rabino Shlomo Yitzchaki, foi o autor de comentários sobre o *Talmude* e a *Tanach*, os quais, provavelmente, não estão ultrapassados em importância e continuam influentes até hoje.

Nascimento: Em 1040, em Troyes, França.
Importância: Produziu comentários sobre a *Tanach* e o *Talmude*, que permanecem influentes até hoje.
Falecimento: Em 1105, em Troyes, França.

Rashi nasceu em Troyes, na França, em 1040, e viveu como erudito e professor. Teve uma vida pacata, embora ele tenha sobrevivido à Primeira Cruzada, a qual ocasionou a morte de 12 mil pessoas, em Lorraine. No entanto, apesar de suas atividades terem sido de pouca intensidade, suas realizações intelectuais foram assombrosas.

O método que empregou para analisar as Escrituras baseava-se na técnica de enunciar o sentido de um texto do modo mais claro e conciso possível.

Esforçou-se para expor de maneira simples qualquer palavra que achava que não estivesse clara. Além disso, muitas vezes ilustrava o significado de um texto pelo uso de analogias da vida diária. Assim, ele podia valer-se de um simples exemplo de comida ou bebida para explanar um assunto. E mais, muitas vezes empregava histórias rabínicas conhecidas para ilustrar um texto, presumindo que seus alunos já estivessem familiarizados com seu significado.

Como exemplo, eis o comentário de Rashi sobre o primeiro versículo do primeiro capítulo do livro do Êxodo, no Antigo Testamento:

> "Estes são, pois, os nomes dos filhos de Israel que foram morar no Egito com Jacó, cada qual com sua família... Ainda que a Escritura os tenha enumerado anteriormente por seus nomes em vida, ela os relaciona novamente ao morrer. Isto demonstra quanto valem diante de Deus, porque são comparados às estrelas..."

A obra de Rashi sobre o Talmude, em especial, foi revolucionária ao tornar acessíveis a judeus comuns as passagens mais densas. Suas adaptações foram detalhadas de tal forma que os textos mais antigos jamais conseguiram ser. Não empregou elisões nem paráfrases para suavizar sua tarefa, e, sim, dedicou-se ao texto em sua integridade, frase por frase.

Os comentários de Rashi, tanto sobre a *Tanach* como sobre o *Talmude*, tornaram-se por pouco inseparáveis de seus próprios textos. Quase todas as versões impressas desses textos sagrados contêm seus comentários, os quais têm sido aceitos tanto por judeus asquenazis quanto por sefarditas. Pelos dois séculos que se seguiram à morte de Rashi, muitos estudiosos do *Talmude*, da França e da Alemanha, dedicaram suas vidas à análise e ao aperfeiçoamento de sua obra. Seria difícil superestimar o significado de Rashi no mundo judaico. Quase toda a literatura rabínica publicada após a sua morte ocupa-se de sua obra, seja para posicionar-se contra ela ou para usá-la de suporte para a opinião emitida pelo autor.

A importância de Rashi estende-se para além do mundo judeu. Sua obra influenciou até mesmo o desenvolvimento da exegese cristã. Nicolau de Lira, notável professor franciscano e mestre em exegese bíblica, em especial, foi muito influenciado pelos comentários de Rashi. Martinho Lutero valeu-se dos comentários de Lira quando traduziu a *Vulgata* (tradução latina da *Bíblia*) para a língua alemã, incluindo algumas interpretações dos textos de Rashi em sua tradução.

Talmude: Um debate de leis, ética e história dos judeus. A primeira parte, *Mixná*, é um compêndio escrito da lei oral do judaísmo. A segunda parte, *Gemara*, oferece uma análise mais elaborada da *Mixná*, como também da *Tanach*.

Tanach: A Bíblia hebraica, constituída pelos títulos *Torá*, *Neviim* e *Ketuvim* (a Lei, os Profetas e os Escritos). Ao todo, são 24 livros.

Judaísmo

O Judeu Hassídico

Baal Shem Tov

O rabino Israel Ben Eliezer, ou Baal Shem Tov, como é mais conhecido, fundador do judaísmo hassídico, comprometeu-se com a idéia "panenteísta" de Deus. Acreditava que Deus se achava imanente no Universo; ou, de outro modo, que Deus estava presente em tudo.

Nascimento: Em 1698, em Okop, Ucrânia.
Importância: Foi o fundador do judaísmo hassídico.
Falecimento: Em 1760, em Miedzyboz, Ucrânia.

Muito se derivou dessa crença. Em primeiro lugar, uma vez que todas as coisas encerram uma manifestação de Deus, segue-se que algo bom deve estar presente em tudo. Por isso, contrastando com a ortodoxia cristã, Baal Shem Tov ensinou, por exemplo, que o ser humano era instintivamente bom. Deduz-se daí que, em vez de condenar as pessoas por seus pecados, como se eles fossem o reflexo de uma natureza completamente corrompida, dever-se-ia tentar explicar as faltas, mostrando que são causadas por insensatez, em vez de congênita. Dessa forma, Baal Shem Tov afirmou que a redenção não seria vedada a ninguém.

A idéia de que Deus está imanente em cada pessoa encerrava outras conseqüências. Em meados do século XVIII, por exemplo, era costume que judeus ortodoxos se torturassem com privações físicas – talvez por jejuns. Baal Shem Tov, no entanto, se opôs ao ascetismo e à autoflagelação. Considerava importante o cuidado do corpo: se Deus reside nele, decorre daí que o corpo não pode ser

"Disseste-me que precisas jejuar. Fiquei muito preocupado com tuas palavras... Não deverias correr esse risco. É o caminho para a melancolia e a tristeza."

Carta a Jacó Yosef

considerado como algo antagônico ao divino.

O panenteísmo de Baal Shem Tov fez também com que ele conclamasse os indivíduos ao dever de viver a vida num espírito de santidade. Uma vez que todos os atos civis são uma manifestação de Deus, deduz-se daí que o homem precisa viver à luz desse conhecimento. Seus ensinos encerravam uma crítica ao judaísmo da época. No século XVIII, muitos judeus que foram vítimas de perseguição buscaram refúgio no estudo acadêmico do *Talmude*, a expensas de sua vida interior, espiritual. Baal Shem Tov afirmou que essa prática revelava um falso entendimento da natureza da devoção religiosa, que requer uma apreciação da espiritualidade e uma consciência do amor de Deus.

Não deixa de ser significativo que os ensinamentos de Baal Shem Tov tornaram-se acessíveis até mesmo ao judeu menos educado. Ensinou que era possível alcançar elevado grau de espiritualidade simplesmente amando a Deus e aos outros judeus, e reservando tempo para uma atitude de oração. De fato, considerava a oração um estado de consciência em que o homem se torna um só com Deus. Na contemplação do divino, a imanência de Deus preenche o coração do homem com êxtase religioso.

Os ensinamentos de Baal Shem Tov não são considerados muito originais, mas transformaram o mundo judeu. Ele criou uma nova atmosfera religiosa, marcada por ritual, alegria e êxtase. O judaísmo hassídico tornou-se um grande movimento, que persiste como uma força no mundo judeu até os nossos dias.

> **Judaísmo hassídico:** Grupo que teve origem no Leste Europeu, no século XVIII, e que se concentrou na espiritualidade e alegria da religião judaica, para contrabalançar a ênfase acadêmica da época.

Judaísmo

O Judeu do Iluminismo

Moisés Mendelssohn

O filósofo judeu alemão Moisés Mendelssohn tornou-se mais conhecido por sua defesa do judaísmo. Seus argumentos em favor da liberdade religiosa, junto com o comprometimento ao ideal iluminista da liberdade, fez avançar a causa da emancipação dos judeus alemães.

Nascimento: Em 1729, em Dessau, Alemanha.
Importância: Lutou pela causa do Iluminismo e da emancipação dos judeus alemães.
Falecimento: Em 1786, em Berlim, Alemanha.

Mendelssohn ficou famoso quase por engano. Seu amigo Gotthold Lessing, dramaturgo e filósofo iluminista, assumiu a tarefa de publicar as *Conversas Filosóficas de Mendelssohn* (1755), sem informar o fato ao autor. O resultado foi a fama de Mendelssohn e o início de uma carreira de ensaísta filosófico. Ele se tornou mais conhecido por sua defesa do judaísmo, motivado por uma crítica escrita pelo teólogo John Lavater. Lavater desafiou Mendelssohn a tornar-se cristão se não conseguisse demonstrar a superioridade do Judaísmo. A resposta de Mendelssohn foi dedicar sua vida à causa do Iluminismo e à emancipação dos judeus alemães.

Para alcançar esse objetivo, ele se dispôs a traduzir o Pentateuco e outras partes da *Bíblia* para o alemão. Sua intenção foi a de tornar possível aos judeus participar plenamente da cultura alemã. Sua tradução logo se popularizou, contribuindo para o surgimento do movimento Haskalá, que visava à crescente integração dos judeus na sociedade secular da Europa. Em especial, os judeus foram instados a adotar o racionalismo do Iluminismo, a estudar matérias seculares e a aprender línguas européias, além do hebraico.

A obra mais importante de Mendelssohn foi *Jerusalém* (1783), uma argumentação poderosa em favor da liberdade religiosa. Procurou demonstrar por meio dela que o Estado não tem o direito de interferir nas convicções religiosas de seus cidadãos. Na verdade, no que tange às convicções, o Estado encontra-se na mesma posição da Igreja: "Ambos têm de ensinar, instruir, encorajar, motivar". Este não é, porém, o caso para controle de comportamento. Aí o Estado desfruta um monopólio do poder de coerção. A complexidade da sociedade civil significa que nunca será possível governar simplesmente com o apelo às convicções corretas. Por isso o Estado recorre a um sistema de recompensa e punição, para assegurar um comportamento apropriado. Isso não cabe a uma religião.

> "O Estado tem poder físico e o usa quando necessário; o poder da religião é amor e beneficência."

O comprometimento de Mendelssohn com a liberdade religiosa foi motivado, em grande parte, por seu desejo de ver o povo judeu, em todo o mundo, livre de restrições econômicas, sociais e políticas. No entanto, isso também o atrelou ao compromisso iluminista de liberdade e autonomia. No entender de Mendelssohn, para atingir a perfeição moral e intelectual, os indivíduos deveriam ser livres para cometer erros, perseguir seus próprios objetivos e desenvolver suas crenças pessoais. Apesar de seu liberalismo óbvio, no entanto, permaneceu comprometido com a particularidade e o valor da revelação judaica, na medida em que estabeleceu leis para se viver determinado tipo de vida.

Mendelssohn, em sua obra, preocupou-se em traçar uma linha de equilíbrio entre o compromisso do judaísmo e uma acomodação à racionalidade e à moderna cultura do Ocidente. Nem todo estudioso judeu concorda que ele tenha conseguido estabelecer esse equilíbrio da melhor forma. Há, porém, a concordância geral de que, por sua defesa da tolerância religiosa, e por seu próprio brilho intelectual, ele foi bem-sucedido na promoção da causa da emancipação dos judeus alemães.

O Reconstrucionista

Mordecai Kaplan

O judaísmo de Mordecai Kaplan é raro. Negou a existência de um Deus sobrenatural, que é capaz de interferir nos assuntos do mundo. Rejeitou a idéia de que o povo judeu havia sido "escolhido" para um propósito específico. Também negou que ritos e práticas estabelecidos na fé judaica fossem invioláveis, afirmando que "o passado tem um voto, não um veto".

Nascimento: Em 1881, em Svencionys, Lituânia.
Importância: Fundador do movimento do Reconstrucionismo judaico no século XX.
Falecimento: Em 1983, em Nova Iorque, Estados Unidos.

Kaplan foi levado a defender essas idéias diante do que entendeu como sendo uma crise do judaísmo. Afirmava que o surgimento do naturalismo fez com que certo tipo de crença religiosa se tornasse insustentável. Em especial, não era mais possível que o povo judeu aceitasse a verdade de sua teologia tradicional. Era necessário, então, relegar ao passado crenças que, por exemplo, afirmavam que Deus é um ser sobrenatural, que a *Torá* é a palavra divinamente inspirada por Deus, que esse Deus intervém no mundo natural, e ainda que as pessoas serão premiadas ou punidas na vida após a morte, a depender de seu comportamento.

Kaplan, no entanto, não acreditava que isso significasse a necessidade de abandonar o judaísmo completamente. Ao contrário, a meta seria reconstruir a religião judaica de modo que ela refletisse a civilização judaica moderna. Uma vez atingido esse objetivo, o judaísmo funcionaria como o elo entre a comunidade judaica, realçando a identidade do povo judeu.

Seu argumento inspirou-se no sociólogo francês Émile Durkheim, que acreditava que a religião, ao mesmo tempo, refletia e reforçava a identidade coletiva do grupo social em que tinha suas raízes. Dessa forma, Kaplan subverteu o judaísmo tradicional, pelo fato de colocar no centro de sua teologia a comunidade judaica em vez de Deus.

Esses princípios levantaram a questão em torno da natureza de uma religião sem elementos sobrenaturais. Será que Kaplan imaginava, por exemplo, que o judaísmo preservaria uma concepção de Deus? Sim, ele o fez, mas a sua compreensão de Deus era muito diferente daquela do Deus tradicional da Torá. Ele afirmou que Deus é o poder do Universo que capacita para a retidão e que facilita a auto-satisfação do ser humano.

Kaplan empregou idêntica estratégia de reconceitualização quando abordou outros conceitos judaicos tradicionais. Ele afirmou, por exemplo, que a revelação divina implicava identificar aqueles aspectos da fé tradicional que refletissem qualidades humanas universais, o que autorizaria que aquela parte da tradição que não tem relevância para o mundo moderno simplesmente fosse abandonada.

As idéias de Mordecai Kaplan lançaram as bases para o movimento do Reconstrutivismo judaico, na segunda metade do século XX. Esse movimento, no entanto, tem enfrentado forte crítica. Enquanto muitos estudiosos judeus admitem que ele tenha descrito cuidadosamente alguns dos problemas com que a religião judaica se defronta na era moderna, muitas vezes também acreditam que sua reconstrução da teologia judaica é um passo avançado em direção ao ateísmo. Não há dúvida do radicalismo da posição de Kaplan. O ponto a ser elucidado é simplesmente se suas idéias constituem uma filosofia da religião propriamente judaica.

> "Crer em Deus significa aceitar como fato consumado que o destino do homem é superar a animalidade e eliminar todas as formas de violência e exploração que pesam sobre a sociedade humana."

Judaísmo

O Judeu Existencialista

Martin Buber

Martin (Mordecai) Buber, o filósofo e teólogo judeu do existencialismo, tornou-se mais conhecido por sua filosofia religiosa da existência que apresentou em seu famoso tratado de 1923, *Ich und Du*, traduzido mais tarde para o português como *Eu e Tu*. Nesta obra, Buber usou os pares de palavras "Eu–Tu" e "Eu–Isso", como artifício investigativo para contrastar modos diferentes de ser e de se relacionar com outras pessoas e coisas.

Nascimento: Em 1878, em Viena, Áustria.
Importância: Mostrou como era possível unir temas existencialistas com uma visão religiosa de mundo.
Falecimento: Em 1965, em Jerusalém, Israel.

O Eu–Tu constitui uma relação mútua, aberta e autêntica entre dois seres. Representa um encontro definitivo entre um ser e outro, em que não há manipulação ou objetificação. O Eu–Tu, então, é puro, isento de conflitos, mútuo, que pode existir, por exemplo, entre duas pessoas que se amam ou entre mãe e filho. O conceito pode ser usado de forma adequada para descrever a relação de uma pessoa com outra, e também de uma pessoa e um animal, uma planta, ou até mesmo com Deus, o grande Tu.

De acordo com Buber, a relação Eu–Tu é a única que pode existir entre uma pessoa e Deus. Não é possível falar de forma precisa a respeito de Deus ou descrevê-lo apropriadamente, mas é possível encontrá-lo numa revelação do divino. Buber afirmava que todas as relações Eu–Tu estão, em última análise, conectadas a uma interação com Deus.

A relação Eu–Isso é quase diametralmente oposta ao Eu–Tu. Buber caracterizou-a como uma confrontação com um objeto em vez do encontro com um semelhante. Não há mutualidade, nem igualdade ou encontro genuíno na relação Eu–Isso. Ao contrário, uma pessoa se relaciona com o outro ser de modo objetivo e desembaraçado, apreciando-os em termos de quanto lhe podem

Acima: A relação de um cientista com o mundo é de desligamento, o Eu–Isso. Em contraste direto está o Eu–Tu, como a relação pura e mútua de uma mãe e seu filho. Esse é também o relacionamento do ser humano com Deus.

ser úteis. Esse tipo de relação é como a de um cientista que examina dados sobre o mundo. Para Buber, os objetos desse tipo de relação existem apenas como representações mentais no intelecto. Assim, a relação Eu–Isso é um monólogo do ser consigo mesmo em vez de um encontro ou diálogo com o semelhante.

Buber afirmava que os indivíduos sempre se relacionam com o mundo em termos do Eu–Tu ou Eu–Isso. Declarou que "toda vida efetiva é um encontro". No entanto, considerava que o encontro Eu–Tu é raro, e tornou-se crítico com respeito ao que via como o crescimento da forma de relação Eu–Isso entre os seres humanos, afirmando que tornava a existência humana menos significativa. Na visão de Buber, as pessoas deveriam, sempre que possível, relacionar-se na forma do Eu–Tu, apelando ao Eu–Isso apenas quando não houvesse alternativa.

Embora Buber se considerasse um filósofo judeu, sua obra tem sido aceita com o mesmo entusiasmo por cristãos e por judeus. Seu legado é, em parte, *Ich und Du*, a sua grande obra de existencialismo religioso. Ela também é, no entanto, o exemplo de sua disposição de entabular o diálogo com uma franqueza que construiu pontes até mesmo com os que se opuseram a ele.

Religiões Orientais

O termo "religiões orientais" refere-se normalmente àquelas tradições religiosas que tiveram origem na Índia e China. Incluem as crenças darma do hinduísmo, budismo, jainismo e siquismo; bem como o taoísmo e o confucionismo, as duas maiores filosofias religiosas da China. Talvez a melhor maneira de extrair-lhes o sentido seja examiná-las no que diferem das religiões abraâmicas (judaísmo, cristianismo e islamismo).

As religiões orientais se distinguem de maneira mais óbvia das religiões abraâmicas em que elas não são diretamente monoteístas. Isso significa que não se comprometem com a idéia de que existe um único Deus, indivisível e todo-poderoso, como nas religiões por vezes chamadas de "monoteísmo exclusivo". A noção de Deus está, na verdade, quase inteiramente ausente em muitas dessas religiões. O confucionismo, por exemplo, ainda que tenha templos e rituais, faz poucas referências ao sobrenatural, e, em termos do Ocidente, talvez se identifique mais com uma ética social do que com uma religião. De modo similar, as Quatro Nobres Verdades do budismo – que a vida se caracteriza por luta, que é causada por nosso apego ao mundo, que o sofrimento pode ser superado através do desligamento, e que isso pode ser alcançado seguindo-se a Nobre Trilha Óctupla – não fazem referência a Deus.

O exemplo contrário e claro para esse não-teísmo fica por conta do hinduísmo, que, de acordo com uma das estimativas, tem 33 milhões de deuses distintos. A situação com o hinduísmo, no entanto, é complexa. Em algumas tradições, é uma religião monoteísta, similar em muitos aspectos aos credos abraâmicos. Os devotos do vaisnavismo, talvez a denominação hindu mais popular, afirmam que Vixnu é o Ser Supremo, o sustentador e restaurador do cosmos. O objetivo da prática vaisnava é, pois, a vida eterna no reino espiritual de "Vaikuntha": uma eternidade a serviço de Vixnu ou um de seus "avatares". Outras denominações hindus, porém, adotam uma opinião diferente. Os seguidores do Smartismo, por exemplo, cultuam seis manifestações de Deus e crêem que as miríades de divindades do hinduísmo são apenas aspectos de Brama, a realidade imutável e transcendente que dá suporte a toda a existência.

A idéia fundamental que, provavelmente, une todas essas crenças – também o hinduísmo às outras crenças Darma – é a vida terrena ser algo de que se deve escapar. Muitas vezes, essa postura repousa sobre a linguagem da reencarnação, segundo a qual o propósito da vida é terminar o interminável ciclo de nascimento e renascimento. Para os hindus, essa idéia é expressa por meio da noção da *Moksha*, a liberação do desejo e da infelicidade e a realização de uma união com a Última Realidade (ou Ser Supremo). No budismo, isso se realiza pela idéia do Nirvana, um estado extático que produz a Iluminação. Os siques, afinal, por sua parte, procuram estabelecer uma união com Deus, o que implica o fim da reencarnação.

Todas as religiões orientais apresentam regras claras de vida. No entanto, em contraste com suas contrapartes do Ocidente, não estão radicadas em um mandamento divino. Ao contrário, ou estão direcionadas no sentido da plena expressão de humanidade – como no caso das filosofias religiosas da China –, o que trará conseqüências positivas para a ordem social; ou são pré-requisitos para se atingir o tipo de desprendimento do mundo que equipa as pessoas a transcender sua existência terrena – como no caso das crenças Darma.

O Filósofo Hindu

Samkara

Samkara, talvez o maior pensador indiano até nosso dias, teve um impacto profundo na história do hinduísmo. Esposou um sistema de pensamento monístico, que afirmava que a "base divina" de todo ser é *Brama*, que é indivisível, consciente, eterna, imutável, infinita. O eu, ou *Atma*, em seu estado não qualificado como pura consciência, é idêntico ao Brama, apenas caracterizado pelo ser, pela consciência e por êxtase.

Nascimento: Em 788 d.C., em Kaladi, Índia.
Importância: Foi agente do reavivamento do hinduísmo.
Falecimento: Em 820 d.C., em Kedanath, Índia.

O que é, então, o mundo dos fenômenos, o mundo do nosso dia-a-dia? Samkara afirmava que ele não é real no mesmo sentido de Brama, mas que também não é pura ilusão. Em razão da nossa ignorância (*avidya*), sobrepomos objetos ao *Brama*, criando a aparente diversidade do mundo fenomênico. Assim, permanecemos ignorantes, e por isso atados à nossa existência terrena pelo renascimento, a não ser que alcancemos o conhecimento (*vidya*) da identidade de *Brama* e *Atma*. Samkara o descreve assim:

> "Essa servidão não pode ser destruída por armas, nem pelo vento, ou pelo fogo, nem por milhões de ações – por nada que não seja a maravilhosa espada do conhecimento, que deriva do discernimento incitado pela graça do Senhor."

Para a pessoa que não está familiarizada com a filosofia oriental, tudo isso pode parecer um tanto confuso. Em última análise, em especial, se existe apenas uma realidade indivisível, qual é, exatamente, a natureza do mundo de objetos do dia-a-dia? Samkara projeta uma luz sobre essa questão ao pedir-nos para que prestemos atenção ao viajante que comete o engano de confundir uma corda com uma cobra. A cobra é irreal, ilusória,

À esquerda: A ilusão de que a corda seja de fato uma cobra é uma realidade temporária; até virmos que é uma corda, nós a tratamos como se fosse uma cobra. Até alcançarmos a iluminação, enxergaremos o mundo do dia-a-dia como se fosse real.

mas é uma ilusão baseada na realidade da existência da corda. Só nos apercebemos da irrealidade da cobra quando chegamos a conhecer a corda – até então a tratamos como cobra. Igualmente, até que sejamos libertados por nosso conhecimento da verdadeira natureza de *Atma* e *Brama*, somos compelidos a tratar o mundo do dia-a-dia como se fosse real.

Então, como se chega a esse conhecimento? No *Brahmasutrabhasya* (cerca de 800 d.C.), Samkara identifica quatro condições prévias para um inquérito sobre a natureza de *Brama*: 1) a habilidade de distinguir entre o eterno e o não-eterno; 2) a renúncia ao usufruto dos resultados das próprias ações; 3) o cultivo de virtudes como o autocontrole e a pacificação; 4) um desejo extremo de libertação. Ele também acreditava que essa busca do conhecimento era essencialmente uma tarefa religiosa. Insistia em que era necessário estudar os grandes escritos sacros da Índia, no intuito de que as pessoas se preparassem apropriadamente para o conhecimento que as libertaria. Além disso, uma das condições prévias para o estudo religioso propriamente dito é a fé. O comprometimento com Deus é um passo necessário no caminho do conhecimento de Brama.

A importância de Samkara foi profunda. Ele foi responsável pelo reavivamento do hinduísmo em face do interesse crescente pelo budismo e jainismo. Quatro monastérios que ele construiu permanecem como centros importantes do pensamento e prática do hinduísmo e arrebanham devotos e seguidores tanto no Oriente como no Ocidente, incluindo muitos filósofos acadêmicos da Índia.

O Avatar Indiano

Ramakrishna

Contrastando com um ícone filosófico como Samkara, a fama de Ramakrishna como uma das mais importantes figuras da história do hinduísmo baseia-se não nos detalhes ou sofisticação de sua visão religiosa, mas no fato de se acreditar que seus ensinamentos foram inspirados por uma vida devotada à contemplação e à comunhão com Deus, representando um exemplo inspirador de santidade.

Nascimento: Em 1836, em Hooghly, Índia.
Importância: Inspirador da Ordem de Ramakrishna.
Falecimento: Em 1886, em Calcutá, Índia.

É possível captar o sentido do que essa contemplação representou quando se considera o que a tradição recorda como sua primeira experiência expressa do divino. Pouco depois da morte de seu irmão, em 1856, Ramakrishna havia começado a rezar para a deusa-mãe hindu, Kali, na esperança de que ela lhe aparecesse numa visão. Frustrado por ela não lhe ter aparecido, depois de um período de tempo, ele, então, caiu em desespero. Implorou-lhe: "Mãe, você tem agraciado muitos devotos no passado e revelou-se a eles. Por que você não se revela a mim também? Não sou também seu filho?". Segundo a tradição, somente quando Ramakrishna ameaçou suicidar-se, Kali apareceu-lhe em ondas de luz, trazendo-lhe paz e fazendo com que tivesse a experiência de um êxtase de alegria divina.

Foi a partir dessa experiência que Ramakrishna atingiu seu mais importante discernimento. Mergulhou nas práticas e rituais das tradições místicas de muitas das outras grandes religiões do mundo, e em cada caso entrou em contato com o mesmo Deus absoluto (*Brama*). Concluiu que todas as religiões revelam diferentes aspectos de um só e único Deus, e que existe algo como se fosse uma unidade na diversidade. A tarefa-chave para os seres humanos é, então, independentemente de sua religião particular, chegar a uma compreensão de Deus.

    Essa compreensão não se alcança com facilidade. Requer que as pessoas se afastem das tentações de sua existência corporal. Os prazeres sensuais, a inveja, a crueldade e outros vícios como esses conseguem prender as pessoas à sua rotina diária, impedindo que atinjam o estado de êxtase devocional que lhes permitiria contemplar a consciência de Deus. Ramakrishna rejeitou a doutrina de que alguém possa melhorar o mundo ou aproximar-se de Deus por boas ações. Ensinava que tudo o que importava era o progresso espiritual de cada indivíduo em direção ao Deus-consciência.

    A fama de Ramakrishna é considerável. Discute-se, no entanto, se essa fama se deve a seus talentos e realizações ou se veio como conseqüência das habilidades de seus devotos, em particular, Swami Vivekananda. Foi Vivekananda que estabeleceu a Ordem dos Monges Ramakrishna, em 1886, com a bênção do próprio. Em todo caso, a vida de Ramakrishna é um exemplo de devoção religiosa extática, provavelmente insuperável na moderna tradição indiana. Isso justifica a sua reputação como tendo sido um avatar, ou a encarnação de um ser superior.

> "Toda a sua vida foi, literalmente, uma contemplação ininterrupta de Deus. Alcançou tal profundidade da consciência de Deus que transcende todo o tempo e espaço e encerra um apelo universal."
>
> Swami Adiswarananda

O Pacifista Indiano

Mahatma Gandhi

Mohandas (Mahatma) Gandhi foi um dos mais admiráveis e influentes líderes do século XX. Demonstrando que é possível promover mudanças políticas significativas pelo protesto passivo e não violento, ele inspirou uma geração de líderes políticos, incluindo Martin Luther King, Albert Lithuli e Dom Helder Câmara.

Nascimento: Em 1869, em Porbandar, Índia.
Importância: Mostrou como uma filosofia de não-violência podia operar politicamente.
Falecimento: Em 1948, em Délhi, Índia.

A filosofia de não-violência de Gandhi (*ahimsa*) baseou-se em parte na sua convicção de que todos os seres humanos têm alma, não importando quão repreensíveis os seus atos. Isso significa que sempre existe a possibilidade de apelar para a sua humanidade ou ao seu sentimento de amor ao próximo para persuadi-los a mudar de opinião ou de comportamento. Por conseguinte, quase sem exceção, a violência é desnecessária.

Além disso, a violência produz efeitos que são permanentes ou muito difíceis de reverter. Conseqüentemente, para justificá-la, seria necessário ter absoluta certeza da justiça do ato que motivou essa violência, e também de que alcançaria o resultado desejado. No entanto, pelo fato de os seres humanos serem falíveis, nunca se obterá essa certeza, de modo que a violência deve ser excluída de um raio de ação apropriado.

Gandhi sabia perfeitamente que as pessoas, às vezes, são levadas a praticar a violência, em virtude do desespero devido às situações que enfrentam. Não obstante, era opinião de Gandhi que não é possível, dessa maneira, separar o fim dos meios. Se alguém usar meios duvidosos para atingir bons resultados, esses resultados estarão inevitavelmente comprometidos e distorcidos pela imoralidade dos atos que os provocaram.

Se a violência, portanto, não é o caminho para resolver disputas ou acabar com as grandes injustiças, o que tomará seu

Acima: A filosofia do *ahimsa* de Gandhi afirmava que, quase sem exceção, a violência é desnecessária. Até mesmo quando somos confrontados com a violência do opressor, devemos responder de forma não-violenta, para abrir seu coração em face do sofrimento.

lugar? A resposta extraordinária de Gandhi é que se deve procurar despertar a humanidade essencial de um adversário através do sofrimento pessoal:

> "... se você quer que algo muito importante seja feito, você não deve apenas satisfazer a razão, mas precisa também comover o coração. O apelo à razão se dirige à cabeça, mas penetrar o coração se faz pelo sofrimento. Ele abre o entendimento interior no ser humano. É o sofrimento, e não a espada, o emblema da raça humana."

Essa idéia serviu de suporte ao compromisso de Gandhi com a não-violência e o protesto político. Muitos presumem que a utilidade dessa postura limita-se a circunstâncias muito especiais. Mas prevalecer nessas circunstâncias pode ser um mecanismo poderoso para promover mudanças sociais e políticas, o que se comprovou por seu próprio exemplo na Índia, e pela atuação de Martin Luther King nos Estados Unidos.

Quando Gandhi foi assassinado, em 1948, Jawaharlal Nehru, futuro Primeiro-Ministro da Índia, declarou que "a luz se apagou de nossas vidas e há trevas em toda a parte".

Hinduísmo

O Primeiro Sique

Guru Nanak Dev

Guru Nanak Dev deu início à formação da religião sique, em 1499, com estas oito palavras: "Não há nenhum hindu, não há nenhum muçulmano". Entretanto, embora seja lembrado na História como o fundador da mais recente das grandes religiões do mundo, sua fama não reside nessa contingência histórica, mas na sabedoria de seu apelo para a fraternidade dos seres humanos.

Nascimento: Em 1469, em Rai Bhoi di Talvandi, Paquistão.
Importância: Fundador da fé sique.
Falecimento: Em 1539, em Kartarpur, Índia.

Seria um equívoco supor que o siquismo de Nanak representou uma ruptura explícita, seja do hinduísmo, seja do islamismo, pois buscou inspiração em ambos. Em especial, a crença de Nanak, de que a salvação deve ser entendida em termos de uma fuga do ciclo terreno de nascimento e renascimento, tem claros antecedentes nas crenças hindus sobre a reencarnação. Somado a isso, o papel central que a meditação desempenha em seu pensamento religioso tem paralelos no hinduísmo e no sufismo.

O siquismo que, segundo a tradição, Nanak pregou cruzando a Ásia em quatro longas viagens, constitui-se de muitas práticas e crenças essenciais. A mais significativa delas, talvez, seja a de que seus devotos deveriam submeter-se à meditação disciplinada, com o objetivo de atingir uma união divina com Deus. Nanak desdenhava de rituais, ídolos, templos e de todos os equipamentos exteriores da fé. Insistiu em que a meditação deveria ser um olhar para o próprio interior e baseado na repetição do divino nome de Deus (*Waheguru*).

O nome divino refere-se a um ser único, indivisível, onipresente. Nanak, em versos reproduzidos do *Guru Granth Sahib*, a sagrada Escritura da fé sique, descreve Deus da seguinte maneira:

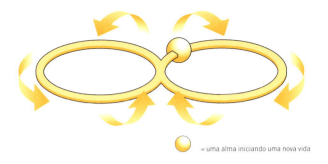

= uma alma iniciando uma nova vida

Acima: O siquismo acredita num ciclo interminável de nascimento e renascimento, que pode ser interrompido quando se entra em comunhão com Deus.

"Ele é a suprema verdade. Ele, o Criador, existe sem medo e sem ódio. Ele, o onipresente, imbui o Universo. Não nasceu nem terá de morrer novamente para renascer. Por sua graça deveis adorá-lo."

A meditação é, pois, o mecanismo pelo qual as pessoas entram em união com Deus e rompem o ciclo interminável de nascimento e renascimento, a marca da existência terrena. Contrastando com algumas outras tradições místicas, Nanak não ensinou que a salvação dependeria da renúncia ao mundo. Ao contrário, embora pensasse que a pureza da mente tivesse lugar na salvação, enfatizou a importância da família, do trabalho pesado e desinteressado, e a caridade, para contribuir para o aprimoramento da humanidade.

Os ensinamentos de Nanak foram muito esclarecedores, e impressionam de diversas maneiras, considerando-se que foram ministrados no século XV. Ele insistiu em que todos os seres humanos são iguais perante Deus e rejeitou o significado da diferença de castas e a autoridade do clero.

Siquismo

O Guerreiro Sique

Gobind Singh

Gobind Singh, o último guru vivente dos siques, transformou a religião sique. Além de criar a Ordem Militar Khalsa, ele também estabeleceu como seu sucessor o livro sagrado sique, considerado atualmente como "um guru vivo".

Nascimento: Em 1666, em Patnar, Bihar, Índia.
Importância: Criou o Khalsa, a ordem militar dos siques.
Falecimento: Em 1708, em Nanded, Maharashtra, Índia.

Singh possuía um senso dramático muito desenvolvido, o que se manifestou na maneira pela qual estabeleceu o Khalsa. Segundo a tradição, no festival Baisakhi, em Anandpur, perante uma grande multidão de siques, ele perguntou se alguém lhe ofereceria sua cabeça. Timidamente, um homem se apresentou, e Gobind Singh conduziu o voluntário para o interior de uma tenda. Alguns minutos depois, reapareceu sozinho, tendo sua espada coberta de sangue. Pediu mais um voluntário, e a mesma cena se repetiu, e isto por mais três vezes. Ao final, o guru reapareceu com os cinco homens, todos aparentemente ressuscitados. Então, como um selo de sua dedicação abnegada à fé, foram iniciados na fraternidade Khalsa.

Embora seja provável que essa história seja falsamente atribuída a um autor ou de cuja autoria se tenha dúvida, ela indica o nível de comprometimento que Gobind Singh exigiu dos santos-soldados da religião sique. Em um de seus poemas, ele assim descreveu o Khalsa:

"Aquele que repete o Seu nome noite e dia,
Que tem total amor e confiança em Deus,
Que a ninguém dedica o pensamento a não ser somente a Deus,
De quem a luz perene é inextinguível...
Esse é reconhecido como verdadeiro membro do Khalsa,
Em cujo coração brilha a luz do Ser Perfeito."

Gobind Singh estabeleceu um código formal de conduta para governar os membros do Khalsa. Seus requisitos refletem os componentes essenciais da religião sique. Por exemplo, os devotos são reunidos para cultuar um único Deus e meditar diariamente em seu nome. Eles também são instruídos a dar 10% de suas rendas para desígnios religiosos. Mandamentos mais aparentes incluem a proibição de cortar ou raspar o cabelo e a barba; e que os devotos devem sempre estar prontos a empunhar armas e defender o fraco.

Gobind Singh foi o décimo e último guru. Por acreditar que os siques fiéis pudessem encontrar toda a direção espiritual de que necessitassem em seu livro sagrado, o *Guru Granth Sahib*, ele declarou que esse livro, melhor que outro ser humano, seria seu sucessor. Dessa forma o siquismo tornou-se uma religião sem hierarquia sacerdotal. A autoridade temporal seria exercida pelo Khalsa. Os efeitos dessa decisão são evidentes até os dias de hoje. O *Guru Granth Sahib*, embora custodiado por guardas, está à disposição de siques e não-siques de forma igualitária, para ser lido no *gurdwara* (o templo sique), reafirmando assim o compromisso sique ao princípio da igualdade e à universalidade de sua religião.

A importância do Guru Gobind Singh para o surgimento da religião sique não pode ser menosprezada. Ao estabelecer o Khalsa, ele instilou confiança e competência militar no povo sique da região de Punjab, e transformou a sorte deles. Khushwant Singh assim o descreve em sua obra de história das religiões: "Em poucos meses nascia um novo povo – barbudo, com turbantes, fortemente armado e com o zelo de um cruzado para construir um novo império".

Khalsa: Khalsa significa "puro", e foi o nome que o guru Gobind Singh deu aos siques batizados ou iniciados na Fraternidade Khalsa. Eles carregam sempre os Cinco Ks (*panj kakke*), que são cinco itens da fé: *Kesh* (cabelo), *Kanga* (pente), *Kaccha* (roupa íntima), *Kara* (pulseira) e *Kirpan* (espada), e vivem a vida pelos ensinamentos do guru.

O Primeiro Budista

Gautama Buda

Na visão de Gautama Buda, o fundador da religião budista, a vida se caracteriza pelo sofrimento (*dukkha*). Essa é a primeira das Quatro Nobres Verdades de que se inteirou ao alcançar a iluminação espiritual, enquanto meditava debaixo de uma figueira em Buddh Gaya.

Nascimento: Em 563 a.C., em Kapilavastu, Nepal.
Importância: Fundador do budismo.
Falecimento: Em 483 a.C., em Kusinagara, Nepal.

O conceito de *dukkha* inclui um amplo espectro de coisas, tais como a dor física e mental, as frustrações da vida do dia-a-dia, além de expectativas e desejos não realizados.
As Quatro Nobres Verdades foram demonstradas como se fossem os estágios em uma consulta médica. Assim, se *dukkha* era o diagnóstico, a segunda verdade, *samudaya*, teria a ver com a identificação da causa da desordem. O Buda afirmava que as origens da *dukkha* consistiam em nosso apresamento a coisas transitórias – objetos materiais, outras pessoas, o "eu", e assim por diante. Experimentamos esse apego como uma espécie de dor fundamental.

> "É exatamente a sede e o desejo ardente que fazem surgir a existência repetida, que se acha aliada ao apetite fervoroso, e que procura sensações novas aqui e acolá..."

A Terceira Nobre Verdade nos ensina o caminho para terminar com o sofrimento – pelo *nirodha*, a cessação da busca do transitório. Isso é o que define na Quarta Verdade, descrita em maiores detalhes na Nobre Trilha Óctupla (a qual compreende o correto entendimento, correta intenção, correto discurso, correta ação, correta vivência, correto esforço, correta atenção e correta concentração).

À esquerda: A roda de Darma é usada para demonstrar a Nobre Trilha Óctupla do budismo. (No gráfico da roda, no sentido horário):

Talvez, a afirmação mais abrangente dos ensinamentos de Buda sobre a melhor maneira de viver se encontre em sua idéia do Caminho Intermediário.

Geralmente, as religiões orientais afirmam que é possível atingir a iluminação apenas pelo ascetismo e pela renúncia ao mundo. No entanto, depois de trilhar por esse estilo de vida por 6 anos, Buda chegou a entender que isso estava errado. Em seu lugar, enfatizou a vantagem de trilhar um caminho intermediário entre a tolerância dos sentidos e a autopurificação excessiva.

Pode-se ver o aspecto prático do Caminho Intermediário no tipo de meditação favorecida pelo Buda. Ele não deu grande valor aos estados de inconsciência e de transe, que eram característicos de muitas meditações tradicionais. Ao contrário, ele escolheu o *jhuna*, um estado de meditação que envolve clareza de mente e experiência de bem-aventurança.

É praticamente desnecessário comentar a influência e a importância histórica de Gautama Buda. O budismo é a religião dominante por toda a Ásia. Foi inclusive integrante no desenvolvimento de outras religiões, como o hinduísmo, em particular. Além de tudo, das religiões orientais, talvez seja a mais atraente para a disposição mental do homem do Ocidente, uma vez que não exige que se abandone o compromisso com a racionalidade e o pensamento livre, nem que se renuncie ao mundo do dia-a-dia.

Budismo

O Zen-Budista

Dogen

Segundo Dogen, talvez a figura principal no início do ramo Soto do zen-budismo, a essência do budismo reside na sua prática. Ele chegou a essa conclusão depois de questionar o que para ele parecia um paradoxo em conexão com a idéia do "despertar original". Essa afirma que, em certo sentido, nós já habitamos nossa natureza Buda. Mas se esse é o caso, qual é, então, o papel a ser desempenhado por treinamento e prática budistas?

Nascimento: Em 1200, em Kyoto, Japão.
Importância: Fundador da Escola Soto Zen do budismo no Japão.
Falecimento: Em 1253, em Kyoto, Japão.

A resposta de Dogen é que a prática e a iluminação são idênticas. Não é necessário engajar-se em práticas budistas que podem envolver meditação, canto ou rituais – com a finalidade de atingir a iluminação. Ao contrário, na prática, as pessoas estão iluminadas; prática e iluminação não são duas coisas diferentes, mas, sim, a mesma coisa. Em termos mais concretos, Dogen enfatizou a importância de uma forma particular de viver e de uma prática de meditação chamada *zazen*. Sua ordem formal para se viver de uma determinada forma era simples:

> "Quando você se abstém de atos impróprios, se não estiver ligado ao nascimento e à morte, se for compassivo com todos os seres sensíveis (...) não excluindo ou desejando nada (...) você será chamado um Buda. Não deseje nada mais."

A idéia do *zazen* é, no entanto, mais complexa. Em sua essência, é uma forma de meditação de pernas cruzadas, que envolve elevar o corpo e a mente. No *zazen* não há brecha entre a prática e a iluminação. Não é uma atividade dirigida rumo a uma meta definida, mas, antes, um fim em si mesmo. Dogen explicou que "*zazen* é não pensar no bem e não pensar no mal. Não é um esforço consciente... Não queira tornar-se um Buda".

A conseqüência significativa que decorre da identidade entre prática e iluminação é que o budismo de Dogen requer esforço e comprometimento contínuos. A iluminação não é algo que deva ser alcançado por meio de uma só experiência; melhor que isso, é uma forma de vida que inclui a prática do *zazen*. As ordens específicas de Dogen aos monges budistas eram severas. Por exemplo, eles precisavam renunciar a qualquer desejo de riquezas e fama materiais; não poderiam caminhar pelo mundo, não sairiam do monastério; não poderiam falar mal de outras pessoas; não poderiam brigar; sempre deveriam fazer o que os superiores ordenassem; deveriam vestir apenas roupas simples, e deveriam praticar o zazen.

De acordo com Dogen, não existem barreiras de sexo, *status* ou inteligência que impeçam as pessoas de realizar sua natureza *zazen*. O Buda histórico, Sidarta, enfatizou que todos os seres vivos são iguais nesse sentido. Mas Dogen pensou que, de fato, níveis de compromisso para com a forma de vida budista fazem diferença. Ainda que não visse barreiras intrínsecas para que uma pessoa leiga atingisse a natureza Buda, a realidade é que elas provavelmente se encontram por demais absorvidas pelas atividades da vida do dia-a-dia para se engajarem adequadamente em práticas budistas.

A influência de Dogen se estende até o presente. Depois de sua morte, em 1253, Keizan Jokin retomou seus ensinamentos e os levou a um grande número de pessoas, estabelecendo com firmeza a seita Soto na tradição budista. No Japão de hoje, a Escola Soto Zen é uma das duas maiores ordens budistas que lá existem.

> **Soto:** A maior seita zen no Japão. Concentra-se em Shikantaza como uma técnica de meditação, que requer que se vá além da mente pensante para atingir a iluminação.

O Filósofo do Consciente

Vasubandhu

Vasubandhu, um dos maiores pensadores dos primórdios do budismo, estava comprometido com a visão, de certo modo surpreendente, de que o consciente é a única realidade; que tudo o que experimentamos, contemplamos ou conceitualizamos existe apenas na mente. Isso significa que as pessoas têm uma experiência do mundo de diferentes formas, dependendo de seu estado emocional, das experiências do passado, de associações e memórias.

Nascimento: Cerca de 400 d.C., Peshawar, Paquistão.
Importância: Um dos fundadores da escola de filosofia budista Yogachara.
Falecimento: Cerca de 500 d.C.

A objeção óbvia para essa visão – que é por vezes chamada de realismo subjetivo – é que parece que o mundo estabelece as nossas experiências, e não o contrário. Por exemplo, se visitarmos o mesmo lugar por mais de uma ocasião, sua aparência tende a não se alterar – consistirá dos mesmos objetos. Além disso, outras pessoas também tendem a ver os mesmos objetos e ter a experiência desse lugar de modo similar. Se não existe uma realidade exterior, como isso é possível?

A resposta de Vasubandhu está em seu *Vimshaitika* (*Tratado de Vinte Versos*, século VI d.C.). Nessa obra, afirma que até mesmo em sonhos experimentamos o mundo de forma coerente; e que é possível diferentes pessoas experimentarem as mesmas coisas, ainda que não existam influências externas em seu pensamento. Seu argumento em favor disso tem dois estágios. Primeiro, afirmou que o inferno tem uma realidade subjetiva, em vez de física: sua realidade não pode ser física, porque nesse caso os guardas infernais que rondam a sua superfície estariam, também eles, em sofrimento demais para atormentar os condenados. Em segundo lugar, notou que o inferno é experimentado da mesma forma pelos cativos: todos eles experimentam o mesmo "rio de pus" e "cenas infernais". A única conclusão é que mentes diferentes podem experimentar as mesmas sensações, até mesmo quando essas sensações têm uma existência apenas subjetiva.

Vasubandhu sabia que sua doutrina do "apenas-consciente" poderia parecer um afastamento da visão budista de que o consciente emerge de sua confrontação com os elementos exteriores. No entanto, ele considerava errado pensar que o Buda impusesse isso de forma literal. De modo algum, isso faz sentido lógico. Tome-se a noção de que a realidade tem uma estrutura atômica – que ela é formada por elementos mínimos, indivisíveis. Uma reflexão mais demorada sobre essa idéia mostra que ela está contaminada de incoerências. Por exemplo, se os átomos são indivisíveis, eles não podem ter lados separados. Mas, se esse fosse o caso, não poderiam interligar-se uns aos outros para formar os anexos que aparentemente compreendem os objetos do mundo exterior.

Esses argumentos não são decisivos. Na verdade, eles foram rapidamente alvo de críticas dentro da tradição budista. No entanto, Vasubandhu tinha outro argumento para substanciar sua visão do "apenas-consciente":

"... quando as pessoas despertam pelo alcance de uma noção supermundana, livre de discriminações (...) então elas verdadeiramente entendem a não-existência daqueles objetos sensíveis por meio do encontro com um claro conhecimento do mundo, subseqüentemente adquirido."

Em outras palavras, aquelas pessoas que alcançam a iluminação têm uma compreensão direta da irrealidade do mundo dos elementos exteriores. Com a iluminação, terão entendido que experiências dualistas são construções mentais, necessariamente ilusórias. Assim, foi entendimento de Vasubandhu que a prática budista procura remover "contaminações" e "manchas" da corrente do consciente.

Paganismo

O termo "pagão" foi originalmente usado por cristãos na Roma Antiga para descrever aquelas pessoas que permaneciam atreladas às antigas tradições religiosas politeístas. Na Idade Média, seu significado foi estendido a todos os credos religiosos não-abraâmicos. O paganismo está, por conseguinte, associado ao abandono da ortodoxia religiosa.

Como resultado, o termo tem, associadas a ele, conotações negativas, significando – até recentemente, pelo menos – que poucas pessoas têm se disposto a aceitar a designação. Mas, nos últimos 50 anos, mais ou menos, o paganismo tem adquirido um significado mais positivo, referindo-se às visões – religiosas e espirituais –, que estão enraizadas na celebração da divindade da natureza.

Talvez o exemplo mais interessante e mais antigo desse tipo de paganismo seja o druidismo, que floresceu na sociedade celta há uns dois milênios. Os druidas eram politeístas que adoravam muitos aspectos da natureza, incluindo o sol, a lua, as estrelas, os rios, os lagos, os carvalhos, o visco e o topo de montes. Muito do que sabemos dos druidas vem da obra de Júlio César, *Sobre a Guerra da Gália*. Ele conta que os druidas:

> "preocupam-se com o culto divino, com o correto desempenho nos sacrifícios públicos e privados, e com a interpretação de questões rituais (...) A doutrina central que procuram ensinar é que as almas não morrem, mas, sim, após a morte, passam de um para outro."

Evidências arqueológicas sugere que os druidas construíram monumentos de pedra para funcionarem como templos e altares em festivais como os que marcam o ano celta. O druidismo, propriamente dito, provavelmente desapareceu da sociedade celta com o surgimento do cristianismo, no segundo século d.C. O interesse pelas crenças druidas, no entanto, renasceu no século XVIII, com o advento do Romantismo, e depois, novamente no século XX, com o crescimento do neopaganismo.

Esse último movimento é muito diverso para ser explicado com facilidade. Vale dizer, no entanto, que os neopagãos, como os druidas originais, se destacam por ter uma atitude reverente em relação à natureza, e também tendem a estruturar suas atividades rituais em torno da mudança das estações. Os neopagãos "wiccanos", por exemplo, celebram uma variante do Festival do Fogo *Imbolc*, todos os anos, no início de fevereiro. O termo "*Imbolc*" tem diversos significados, todos relacionados à idéia de renovação. O festival é, pois, uma celebração da aproximação da primavera e é marcado pela queima de velas e o acender do fogo das lareiras domésticas.

É difícil avaliar o estado atual da crença pagã. Não existe somente uma definição aceitável do termo, e as estruturas institucionais associadas ao paganismo não são rígidas. Um estudo recente, feito nos Estados Unidos, identificou 140 mil pessoas que se autodesignavam pagãos; 134 mil como "wiccanos"; e 33 mil como druidas. Isso sugere que haja cerca de 300 mil pessoas que se definem como pertencendo ao que se poderia chamar de neopaganismo, da forma em que se entende esse termo no Ocidente.

No entanto, esses números são, provavelmente, uma estimativa limitada da extensão do que se pode designar correlato ao paganismo. Muitas religiões nativas, por exemplo, comungam idéias pagãs sobre a divindade da natureza, e muitos aspectos da exploração espiritual característica do movimento Nova Era (*New Age*) têm caráter pagão.

O Sábio

Confúcio

Considerar Confúcio uma figura religiosa propriamente dita é assunto de certa controvérsia. Existem templos confucionistas, onde acontecem cerimônias e rituais em sua memória, mas ele próprio não se aclamou uma divindade. Ele também não fez muita referência a Deus ou ao sobrenatural. Não obstante, o confucionismo, que ele inspirou, tem orientado a vida do povo chinês por mais de dois milênios.

Nascimento: Em 551 a.C., em Ch'ü-fu, Lu, China.
Importância: Inspirador da filosofia que tomou seu nome, confucionismo.
Falecimento: Em 479 a.C., em Lu, China.

Confúcio viveu e trabalhou numa época de desordem social e de levantes políticos. O antigo sistema feudal do reino Zhou havia se desintegrado deixando para trás apenas estados feudais em guerra. Isso levou não apenas à instabilidade do sistema político, mas também a um sentimento de decadência moral. Os ensinamentos de Confúcio foram uma tentativa de reordenar a situação.

A obra de Confúcio não é sistemática no sentido de muitos conceitos religiosos e sociais modernos, sujeitando-se a uma grande variedade de interpretações. É possível, no entanto, discernir alguns do temas principais. Talvez o mais importante tenha a ver com o cultivo do espírito humanitário. Confúcio acreditava que a ordem social fluiria naturalmente se as melhores qualidades de filantropia fossem cultivadas dentro do nexo das relações do dia-a-dia (particularmente, como elas existem no contexto da família). Daí o conceito ético principal é *ren*: falando em termos simples, é a idéia de que alguém se torna plenamente humano nas relações que estabelece com as outras pessoas, quando elas se

"Não faças aos outros aquilo que não queres que façam a ti."

Confúcio, *Amuletos*

Acima: Confúcio identificou diversas virtudes que julgava que as pessoas deveriam cultivar para promover a ordem e a harmonia sociais.

caracterizam por fidelidade (*zhong*) e respeito mútuo.

Talvez o ponto mais importante aqui seja que a virtude cultivada na esfera privada flua para o âmbito público. Era convicção de Confúcio, então, que o que é pessoal se torna politizado, no sentido em que o bom comportamento cultivado nas relações interpessoais resultará em estabilidade política e social. Ligada a essa idéia está a noção de "retificação": se governantes retificam seu comportamento, passando a viver uma vida moralmente correta, eles promoverão um bom exemplo a seus súditos. Se isso combinar-se a um ritual apropriado, ao respeito pela sabedoria dos ancestrais e à apreciação do poder da música e da poesia, será possível construir uma sociedade baseada no respeito mútuo e numa estabilidade inconteste.

Não é exagero destacar a importância dos ensinamentos de Confúcio. Eles têm sido e continuam sendo a fonte que abastece a vida cultural chinesa. A influência do confucionismo se estende por toda a Ásia Oriental, onde se prova como a mais importante e genuína filosofia social, cultural e religiosa, moldando a vida de mais de um bilhão de pessoas.

Outras Religiões

O Jainista

Mahavira Jayanti

Mahavira foi o último grande tirtancara jainista (O Iluminado). Ele foi o último profeta jainista e é considerado o homem que deu ao jainismo sua forma atual.

Nascimento: Em 599 a.C., em Kshatriyakundagrama, nordeste da Índia.
Importância: Reformador e popularizador do jainismo.
Falecimento: Em 527 a.C., em Pavapuri, Índia.

Nascido em berço privilegiado, filho do rei Sidarta e da rainha Trishala, Mahavira renunciou às ciladas materialistas do mundo aos 30 anos e começou a viver uma vida de extremo ascetismo. Não tinha roupas, morada ou refeições regulares. Sofria violência verbal e física, e passava grande parte de seu tempo a jejuar e meditar. Esse estilo de vida, basicamente, formou as crenças que seriam sistematizadas como a religião jainista.

No âmago do jainismo de Mahavira está a crença de que é possível atingir um estado de perfeita iluminação (*keval-jnana*) ao renunciar a todos os desejos e comportamentos associados à existência terrena. Somente dessa maneira os indivíduos poderiam alcançar *nirjara* – a destruição dos "átomos cármicos" que atrelam a alma à sua vida terrena –, um pré-requisito da libertação (*Moksha*).

Mahavira ensinou um código de conduta, que compreendia cinco votos a serem seguidos pelos devotos que buscam a libertação. O mais interessante é, talvez, o da imposição da não-violência (*ahimsa*). Mahavira acreditava que, segundo o ensino do 23º tirtancara, chamado Parshva, fazer mal a qualquer criatura significava interromper o progresso espiritual de sua alma (*jiva*). Por isso é necessário tomar medidas rigorosas para assegurar que isso não ocorra. Por exemplo, um jainista pode recusar-se a comer depois de escurecer, ou portar uma máscara de pano para a boca, por medo de engolir, acidentalmente, uma criatura viva. Precisa caminhar apenas com grande cuidado, para evitar pisar sobre insetos. Precisa tomar cuidados extremos com suas palavras e atos, para elas não causarem traumas psicológicos.

Os demais votos são igualmente austeros. Os jainistas são instruídos a ser sempre verdadeiros, nunca furtar, ser castos – Mahavira acrescentou essa injunção aos quatro princípios já estabelecidos por Parshva – e evitar todo e qualquer apego ao mundo físico. Essa última injunção tem conseqüências de longo alcance. Refere-se não apenas às posses materiais, mas também à família e aos amigos. Segundo a tradição, no início de sua busca espiritual, Mahavira abandonou seus filhos e família, e mais tarde ignorou sua mulher quando ela tentou interromper um período de penitência.

Encontra-se aí um ponto interessante, de caráter geral, quanto à ética do jainismo. De um lado, a religião está coberta pela ética. Demanda um estilo de vida ascético e requer dos devotos uma vida de acordo com um estrito código moral. No entanto, como imaginado por Mahavira, o jainismo é essencialmente uma busca pessoal, espiritual, e, conseqüentemente, está divorciado das preocupações com a vida terrena. Não há prescrições para se dar esmolas, por exemplo, como se pode encontrar no islamismo e no siquismo. Não obstante, talvez se encontre no conceito de *ahimsa*, que é inteiramente ético, o legado mais duradouro do jainismo. Ele estava no coração da filosofia de não-violência de Gandhi e ainda se perpetua integralmente em todas as tradições budistas e hindus. De um modo mais geral, o jainismo segue sua trilha como uma das grandes religiões clássicas da Índia, contando com cerca de quatro milhões de seguidores – divididos em duas seitas, os Shvetambaras e os Digambaras – entre os seus devotos.

Ascetismo: Descreve a vida caracterizada por renúncia pessoal e abstinência de prazeres mundanos, muitas vezes na intenção de atingir uma espiritualidade superior e obter maior conexão com o Divino.

O Taoísta

Lao-Tsé

Lao-Tsé é um personagem paradoxal. É possível que ele nunca tenha existido. Se de fato viveu, ainda assim, pode não ter sido ele quem escreveu o *Tao Te Ching* (cerca de 600 a.C.), uma das mais importantes obras do cânone da religião oriental, embora tenha sido identificado como seu autor por cerca de dois milênios. Seus ensinamentos, como aparecem no *Tao Te Ching* – se de fato forem seus preceitos – também estão cercados de paradoxos.

Nascimento: No século VI a.C.
Importância: Expoente original do taoísmo.
Falecimento: No século VI a.C.

Grande parte do *Tao Te Ching* preocupa-se com o enunciado de formas corretas de liderança. Lao-Tsé negava que a força física é o melhor meio para atingir fins políticos. Desaprovava um estilo ostensivo de governar e sugeriu que o governante não deveria tentar dominar seus súditos, mas que seria melhor adotar a mentalidade de seu povo como se fosse a sua própria. Deveria harmonizar-se com eles e, se necessário, ocultar seus próprios pensamentos. Afirmava que o governante deveria ser quanto mais conciliador possível: "O gentil e flexível supera o rígido e agressivo".

Os pensamentos de Lao-Tsé sobre liderança são indicativos de seu estilo de abordagem. Advoga um quietismo que reflete seu conceito geral do tao. O termo tem dois significados distintos, se bem que relacionados: no pensamento de Confúcio refere-se à trilha correta a se tomar para uma conduta humana apropriada; no taoísmo, o conceito se amplia para denotar a realidade fundamental do Universo, a origem de todas as

> "Se você quiser estar à frente das pessoas, precisa falar com elas humildemente.
> Se você quiser liderá-las, você precisa colocar-se atrás delas."
>
> Lao-Tsé, sobre a liderança

coisas. A forma precisa assumida pelo *tao*, no entanto, está além de nossa capacidade de expressão em linguagem humana ou é até mesmo impossível de ser concebida. No início do *Tao Te Ching*, Lao-Tsé descreve o *tao* como segue:

> "Um caminho que puder ser nomeado ou expresso não tem a verdadeira Essência do Caminho; um nome que puder ser chamado ou enunciado, não tem a verdadeira Essência do Nome."

Poder-se-ia imaginar que, se não é possível descrever o *tao*, nem mesmo concebê-lo em pensamento, talvez seja um conceito vazio. No entanto, um dos princípios centrais do taoísmo é que determinada forma de viver capacita a pessoa a ganhar um entendimento intuitivo do *tao*. Isso requer que a pessoa viva em desapego; ela precisa engajar-se na inação (*wu wei*). É fácil ver como essa idéia se relaciona com os pensamentos de Lao-Tsé sobre a boa liderança. O universo deixado à mercê de seus próprios recursos opera harmoniosamente. Por isso, os governantes deveriam sempre optar pela "quietude criativa", quando ela for uma opção.

Lao-Tsé é uma figura nebulosa. Não sabemos muito sobre ele, e o que sabemos encontra-se envolto em mitos e tradições. No entanto, o Lao-Tsé que se acredita ter produzido o *Tao Te Ching* deve ser celebrado como um expoente original do taoísmo, uma das três grandes religiões da China, com algo em torno de 20 milhões de fiéis no mundo inteiro.

> **Taoísmo**: Existe tanto como uma religião quanto como escola filosófica, embora as diferenças sejam difíceis de identificar. *Tao* é central para o taoísmo: significa literalmente "trilha" ou "caminho", mas com o tempo chegou a ter um significado mais complexo e abstrato na religião e na filosofia.

Outras Religiões

O Primeiro Monoteísta

Zaratustra

O zoroastrismo não é uma religião muito conhecida, nem possui muitos adeptos. Estima-se que haja apenas 150 mil seguidores do zoroastrismo no mundo, localizados principalmente na Índia e no Irã. Essa religião, porém, é notável por ser o mais antigo exemplo de um sistema de crença monoteísta – um sistema de crença que invoca um único deus.

Nascimento: Cerca de 628 a.C., em Rhages, Irã.
Importância: Fundador do zoroastrismo, a mais antiga religião monoteísta ainda existente.
Falecimento: Cerca de 551 a.C., em Balkh, Afeganistão.

Muito pouco se sabe acerca de Zaratustra (ou Zoroastro), o fundador do zoroastrismo, exceto que ele viveu em Bactria no Afeganistão moderno. Sua vida se transformou quando o deus Ahura Mazda lhe apareceu em uma visão. Como resultado dessa experiência, Zaratustra começou a pregar a idéia monoteísta de que Ahura Mazda, o criador não-criado tanto de céus como da terra, era o Deus Supremo e que somente Ele deveria ser adorado.

É nos detalhes do ato criador de Ahura Mazda que se encontram muitos dos pontos específicos da religião do zoroastrismo. Segundo os textos sagrados dessa fé, ao tempo da criação, Ahura Mazda criou dois grandes espíritos, aos quais foi dada a liberdade de escolher entre os caminhos do bem e do mal. Um deles escolheu o bem, e o outro o mal, estabelecendo-se assim dois grandes reinos, o Reino da Justiça e Verdade e o Reino da Mentira.

Para Zaratustra, a vida era uma luta dualista entre o bem (ou "A Verdade") e o mal (ou "A Mentira"). Ensinou que nós somos livres para escolher entre o caminho de Ahura Mazda ou o de Arimã (a contrapartida má de Ahura Mazda). Se apoiarmos Ahura Mazda, perseguiremos o que se acredita ser a vitória inevitável do Bem sobre o Mal. Nossa liberdade de escolha, no entanto, nos confere a responsabilidade do nosso destino. Zaratustra avisou que haveria um Julgamento Final, quando cada um de nós será chamado a prestar contas de como vivemos a nossa vida, e então seremos premiados ou punidos na vida por vir. Aparece como óbvia a semelhança dessa idéia com a noção cristã de céu e inferno.

As idéias de Zaratustra sobre a luta entre o bem e o mal receberam um tratamento moderno na famosa obra de Friedrich Nietzsche, *Assim Falou Zaratustra* (1885). No entanto, a descrição de Zaratustra por Nietzsche é notável porque ela reverte o entendimento de Bem e Mal tradicional, baseado na moral.

Existem poucas dúvidas de que o monoteísmo de Zaratustra influiu no desenvolvimento subseqüente de religiões monoteístas. Suas idéias sobre a luta entre o Bem e o Mal produziram efeito no surgimento de pensamentos similares na tradição judaico-cristã. Existem algumas evidências de que pensadores gregos, como Platão e Aristóteles, conheciam e se interessaram por suas doutrinas.

> "... foi o primeiro a considerar a luta entre o Bem e o Mal a verdadeira roda da máquina das coisas: a transposição da moralidade para dentro do reino metafísico como força, causa e fim em si mesma, é obra sua... Zaratustra criou esse erro calamitoso, a moralidade."
>
> Nietzsche, *Assim falou Zaratustra.*

Outras Religiões

Animismo e Religiões Nativas

Animismo é a crença de que as coisas da natureza, tanto animadas quanto inanimadas, têm alma ou espírito. Nas grandes religiões monoteístas, existe uma distinção clara entre o sagrado e o profano; entre o que tem uma natureza religiosa e o que não tem. Esse não é o caso para aquelas tradições culturais e religiosas baseadas no animismo. Animais, plantas, o firmamento, rios, montanhas, são todos imbuídos de significação religiosa.

O animismo é a visão característica de muitas comunidades nativas (aborígines). Não é bem correto, no entanto, pensar-se que as crenças e práticas de tais comunidades são especificamente religiosas. Em um mundo em que não existe brecha entre o sagrado e o profano, há pouco espaço conceitual para qualquer coisa que seja distintivamente religiosa. Na medida em que faz sentido falar de religiões nativas, isso se faz com respeito às crenças e práticas que governam as relações entre as comunidades vivas e o resto do mundo natural.

É possível ter-se uma noção desse significado quando se volta ao xintoísmo, a religião nativa do Japão. O xintoísmo é uma religião politeísta, com um vasto espectro de deuses ou espíritos (*kami*). Esses incluem a deusa do sol, Amaterasu, montanhas e rios específicos, anciãos de vilas há tempo falecidos e até mesmo, em certo tempo, o imperador que está no poder. Os rituais e práticas do xintoísmo preocupam-se primeiramente em honrar os kami e também evitar sua ira. Isso tem vários significados: oferendas rituais de comida e bebida em um santuário xintoísta; ocasiões de cerimônias para marcar ritos de passagem; celebrações associadas com a mudança das estações do ano e rituais elaborados de purificação, visando a neutralizar a ofensa que a morte, o sangue, as doenças e a sujeira causam ao *kami*.

O número de japoneses que se declaram xintoístas teve um declínio na última parte do século XX. Essa tendência reflete o fenômeno generalizado segundo o qual se observa que as religiões nativas, mundialmente, estão sob a pressão das forças da modernidade. Isso se revela particularmente grave no caso de religiões nativas norte-americanas. A chegada dos europeus à América do Norte resultou na destruição de tradições inteiras de ritos, cerimônias e narrativas. Uma das conseqüências foi o surgimento da Igreja Americana Nativa, no final do século XIX, que combinou elementos da espiritualidade tradicional dos nativos da América do Norte com influências cristãs, centrando-as em rituais que cercavam a planta cactácea chamada peiote.

A Igreja Americana Nativa é atualmente a maior religião autóctone dos Estados Unidos. A tensão entre a modernidade e a tradição, no entanto, permanece. Ela se manifesta particularmente em disputas pela propriedade de lugares e artefatos sagrados. É nesse ponto que o animismo das religiões nativas é significativo. O credo do norte-americano nativo inclui a noção de que lugares e artefatos sagrados estão associados a forças poderosas. Por isso, eles deveriam ser usados apenas sob proteção, em cerimônias apropriadas. De fato, os tradicionalistas pensam que um prejuízo real resultou da remoção de artefatos aos museus, tanto aos que trabalham nos museus e a seus visitantes, como também às tribos que eram propriamente responsáveis pelo cuidado desses objetos.

O animismo afirma que existe pouca, ou quase nenhuma, diferença entre o sagrado e o profano. Por isso, não existem objetos que não sejam potencialmente dignos de veneração religiosa.

Índice Remissivo

Para encontrar os tópicos principais, consulte o sumário. Constam neste índice apenas as referências a pensadores e líderes religiosos quando mencionados em outra matéria que não a deles próprios.

Abu Bakr 46, 50
Abu Hanifah 53
agência divina 59
Al-Farabi 54
Al-Ghazali 55, 58
Ali 49, 72
animismo 126-127
apóstolos 10-11
Aristóteles 56-57, 59, 86, 125
arminianismo 32-33
ascetismo 19, 90, 111, 120-121
Ataturk, Kemal 70
Agostinho, Santo 19, 34
Bíblia 84-86, 88-89
califas 46-50
Caminho Intermediário 111
catolicismo romano 14
confucionismo 84, 98, 118-119, 122
Contra-Reforma 25
Decálogo 76
Digambaras 121
Durkheim, Émile 94
emanista 54-55
Escolástica 21
Escritura 84-85
estoicismo 19, 81
evangelho 9-11
existencialismo 39, 96-97
fé 38-39
Fox, George 15
Gandhi, Mahatma 121
graça divina 16-19
Guru Gobind Singh 85
Guru Granth Sahib 84-85, 106-107, 109
Herbert, Edward 42
Hussein 50-51
Ibn Sina 56, 58, 64
Ibn Taymiyya 66
Igreja Ortodoxa 13
intoxicação sóbria 81
islamismo xiita 46-49, 64, 72-73

islamismo Sunita 47-49, 66-67
jesuítas 24-25, 34
Jesus de Nazaré 13, 44, 83
jihad 67, 71
judaísmo hassídico 75, 90-91
judaísmo Masorti 75
Khomeini, Aiatolá 51
King, Martin Luther 104-105
Lavater, John 92
lei xariá 52-53, 57, 70-73
Lessing, Gotthold 92
livre-arbítrio 17-19
Logos 80-81
Lutero, Martinho 14, 31, 89
Malik Ibn Anas 53
meditação 106-107, 112-113
Messias 87
metodismo 32-33
Mixná 87, 89
monoteísmo 13, 44, 62-63, 76, 98, 124-125
montanismo 13
Moisés 80, 84, 87
Maomé 46-48, 50, 52, 63, 72
Muhammad Al-Mahdi 50-51
Muhammad Al-Wahhab 65
naturalismo 94
neoplatonismo 54
Nicholas de Lyra 89
Nietzsche, Friedrich 125
Nova Era, movimento 117
panenteísmo 90-91
Parshva 120
pecado original 16-19
Platão 125
politeísmo 44, 63, 66, 76, 116-117

predestinação 16-17, 30-34
prova ontológica 20-21
razão 20-23, 35, 38-39, 42-43, 56-57
Reforma 2, 4-7, 30-31
Russel, Bertrand 17
Shammai 79
Shvetambaras 121
siquismo 84-85, 98-99, 106-109
Soto 112-113
Sruti 84
sufismo 56, 61, 64, 66-67
Talmude 88-89, 91
Tanakh 88-89
taoísmo 85, 98-99, 122-123
Teologia da Libertação 40-41
Testemunhas de Jeová, 14-15
Tindal, Matthew 42-43
tomistas 23
Torá 84, 87
Trindade 13, 63
Uthman 46, 50
vaisnavismo 98-99
Vivekananda 103
Voltaire 39, 43
Xavier, Francisco 25
xintoísmo 126-127
zelotes, 82
Zen Budismo 112-113
Zen Buddhism 112–13